高等教育管理理论研究
与实践探索

王立梅 ○ 著

中华工商联合出版社

图书在版编目（CIP）数据

高等教育管理理论研究与实践探索/王立梅著 . —
北京：中华工商联合出版社，2022.4
ISBN 978-7-5158-3398-9

Ⅰ.①高… Ⅱ.①王… Ⅲ.①高等教育—教育管理—
研究—中国 Ⅳ.①G649.2

中国版本图书馆 CIP 数据核字（2022）第 063277 号

高等教育管理理论研究与实践探索

作　　者：	王立梅
出 品 人：	李　梁
责任编辑：	于建廷　效慧辉
封面设计：	清　清
责任审读：	傅德华
责任印制：	迈致红
出版发行：	中华工商联合出版社有限责任公司
印　　刷：	北京虎彩文化传播有限公司
版　　次：	2022 年 7 月第 1 版
印　　次：	2022 年 7 月第 1 次印刷
开　　本：	710mm×1000 mm　1/16
字　　数：	240 千字
印　　张：	10.5
书　　号：	ISBN 978-7-5158-3398-9
定　　价：	68.00 元

服务热线：010-58301130-0（前台）
销售热线：010-58301132（发行部）
　　　　　010-58302977（网络部）
　　　　　010-58302837（馆配部、新媒体部）
　　　　　010-58302813（团购部）
地址邮编：北京市西城区西环广场 A 座
　　　　　19-20 层，100044
http://www.chgslcbs.cn
投稿热线：010-58302907（总编室）
投稿邮箱：1621239583@qq.com

工商联版图书
版权所有　侵权必究

凡本社图书出现印装质量问题，
请与印务部联系。
联系电话：010-58302915

前　言

PREFACE

21世纪以来，高等教育在国家发展战略中的地位越来越突出，高等教育在经济社会发展中的作用也从间接推动转变为直接拉动，经济和社会发展比任何时候都更加依靠知识的更新、人们素质的提高、科技的创新及教育的发展。因此，世界各国均对高等教育改革予以高度重视。

我国高等教育主要在中华人民共和国成立以后才有所发展，特别是改革开放以来，其积累和发展速度、成就以及影响之大为世人所瞩目。随着我国高等教育大众化提速，高校大量合并，高校招生体制改革引发了一系列问题，高等教育管理也面临着前所未有的挑战。同时，创新型国家建设与和谐社会目标的确立，科学发展观的实施与和谐文化的提出，也为我国高等教育发展提供了新的历史机遇。一定意义上说，一个国家的高等教育管理理论研究的发展状况折射并且决定着该国高等教育管理实践的整体水平。改革开放以后，我国才真正开始系统地进行高等教育管理研究并把它看作一门学科。从起步到成长，从摸索到明确，从经验总结到理论创建，我国高等教育管理学的发展走过了一条不平坦之路。我国在高等教育管理的研究上，历经了经验总结与政策阐释到理论探索以及理性研究的发展阶段，走上了高等教育管理学学科建设与研究的正轨，涌现了一批特有标志性的研究成果。

高等教育管理是高等教育发展的关键因素，研究我国高等教育管理的历史和现状，就必须聚焦高等教育管理研究及其理论的发展状况，只有大力发展我国高等教育管理理论研究，才能使其更好地服务高等教育。近年来，随着我国社会主义市场经济的发展与社会改革的推进，我国高等教育管理工作也面临着新的挑战，高等教育管理研究仍存在多种不足，时至今日并未形成反映我国社会主义特色的高等教育管理研究理论。在传统的高等教育管理体制中，"高度集中、高度统一"的行政化管理理念和管理模式已经不适应高等教育形势的新变化，成为阻碍高等教育进一步发展的重要因素。所以，转变高等教育管理方式，建立新的管理理念和管理模式，研究新时期高校教育管理具有重要的理论与现实意义，是高等教育在未来谋求长足发展及内涵提升的必由之路。

本书在撰写的过程中，吸收了部分专家学者的一些研究成果和著述内容，在此表示衷心的感谢。由于笔者水平有限，难免会有不足之处，敬请广大读者批评指正！

目　录

CONTENTS

第一章　高等教育管理概述

第一节　高等教育管理内涵

一、管理的一般概念

管理一般是指在特定的环境下，对组织所拥有的资源进行有效的计划、组织、领导和控制，以便完成既定的组织目标的过程。学科体系的理论研究中提到过，管理是人们依据社会发展的客观规律和在特定历史条件下对各种规律的表现方式进行有意识地调节社会系统内外的各种关系和资源，以便达到既定的系统目标的过程。很显然，这两个方面的表述并不矛盾，只是表述的方式稍有差别而已。前面的表述直接一些，比较简练直观，后面的表述比较宏观一些，从社会系统的角度和方法进行表述。

管理的含义包括以下三个方面的内容：

第一，管理是为实现组织目标服务的，是一个有意识的、有目的的活动过程。管理是任何组织不可或缺的，但绝不是孤立存在的。只要有组织及其活动，就存在管理问题。就管理本身而言，管理不具有自己的目标，不存在为管理而管理，没有活动也就不存在管理问题，管理是依附于活动而存在的，组织活动的目标就是管理的目标，而管理是服务于组织目标的。

第二，管理活动是通过一系列相互关联的资源要素所进行的，管理工作就是要综合运用组织中的各种资源要素，通过计划、组织、控制等来实现组织目标，达到活动的目的效果，这就成为管理的基本职能。

第三，从管理本身来讲，管理活动应该按照自己的规律进行，但是，现实管理活动中的资源并不是孤立存在的，管理工作是在一定环境条件下进行的，管理是一种社会活动，有效的管理必须充分考虑组织的特定环境。

"一般管理理论"最早诞生在法国。当泰勒及其追随者正在美国研究和倡导生产作业现场的科学管理原理和方法的时候，大西洋彼岸的法国产生了组织管理的理论，被后人称之为"一般管理理论"或者"组织管理理论"。与泰勒主要研究基层作业的管理理论不同的是，"一般管理理论"是站在高层管理者的角度研究组织管理问题，在此基础上，现代管理理论的研究发展很快，形成了许多管理的经典理论和理论体系。根据研究管理的对象不同，可分为广义的管理和狭义的管理。广义的管理可以是针对大自然中万事万物的管理，狭义的管理只是针对某项具体活动，以及这些活动中的资源所进行的计划、组织、领导、控制，一般我们研究的管理是指狭义的管理，是指组织管理、行为管理、活动的管理。活动的结果，实际上是人的能动性的结果，管理的实质是人，是管理者与被管理者之间发生的矛盾的解决。既然这样，那么，管理就是管理者、被管理者、事项三方形成的特定的活动。

对于管理的分类，现代管理一般可以从多个方面来进行划分：一是从活动的规模与大小可以分为宏观管理和微观管理，二是从具体的活动的内容可以分为综合管理和专项管理。另外，从管理的形式上，又可以分为紧密管理和松散管理。当然，这些区分也只是相对的。

二、管理的基本理论

管理的基本理论是很多的，特别是随着现代社会的发展，人们的认识水平不断提高，社会活动不断丰富，社会财富与利益驱动机制更加强烈，新的管理理论在创新、在发展。而系统管理理论、人本管理理论、目标管理理论、标准化管理理论、组织管理理论、模糊管理理论、混合管理理论等只是众多管理理论中的一部分，他们既是管理的理论，也是管理的思想和方法。

（一）系统管理理论

系统管理理论指出，管理的任务就是协调系统中的各个子系统以及系统要素，以保持系统的动态平衡，取得系统最佳运行效果。这种管理理论及其方法的核心是把管理作为一个整体的系统，系统就要有系统要素，系统要素就是人、物、活动及其项目。这种管理理论和方法一般应用在军事战略、建设工程、大型活动（内容复杂、组织规模大、投入量大、长时间与长周期）较为合适，当然，这些也只是相对的，因为大和小本身就是相对的。

（二）人本管理理论

人本管理理论和方法是以人为中心的管理，实际上，这种管理理论与方法是最难做好的，如果把握不好，甚至有时候还会出现偏颇。有效的人本管理实质是人的权力的利用和利益的分配，在这种过程中，既要尊重人，又要让人的潜能充分发挥，是一对很特殊的矛盾，往往有时候存在一个两难的矛盾。以人为本的管理目的就是发掘人的最大潜能，这种潜能并不完全是指被管理者的，同时也包括管理者，管理者的潜能是工作的积极性和表现出来的工作效益，被管理者的潜能是管理者的思想和艺术施加结果的体现，二者的结合才能达到管理的最大效果。人本管理理论虽然是一个相对比较早的管理理论，但是在实践中成熟应用的并不是很多很好。充其原因，传统的、单纯的人本管理理论十分强调管理的"人"这个素质，可以说，低素质的人是绝对运用不好人本管理理论的，一个管不好自己的人同样地也是管理不好别人的，更不用说有效地运用好人本管理理论。不过，现代的人本管理理论加入了一些新的元素，在人本管理中加入制度管理，人本管理加制度，形成一种新的意义上的人本管理理论，可以说是现代的人本管理理论的发展。

（三）目标管理理论

目标管理理论和方法是一种与利益相关联的刚性管理模式。这种管理理论和方法实际上是与价值理论密切相关的，甚至可以说是以价值理论为基础的。要有一个预先设置的价值目标，然后以这种价值目标的实现为核心而展开的管理活动。价值目标的认同是关键，是目标管理的前提。价值目标的确立也是十分重要的，价值目标必须通过全体成员认同。目标管理理论强调组织目标的制定要得到所有组织成员的认同，没有认同感的组织目标是不切实际的目标，是难以达到组织目标的。有人说目标管理只是注重结果，这是十分错误的，最新的目标管理理论不仅仅是注重管理活动的一头一尾，除了最先确定价值目标、最终对完成价值目标的检验结果外，还对过程实施严格监督，让目标按既定的方向完成。不要等到问题成了堆，最后成为一个很糟糕的结果，既成事实不是目标管理的目的，要让管理者与被管理者通过共同的努力，一步一步向既定目标靠近。实现以价值目标为中心而组织的目标管理活动，是一种刚性的量化管理，因此执行也是刚性的。目标管理理论除了注重价值目标外，具体的应用还有一个公平理论问题，这是由目标管理理论的刚性所决定的。

（四）标准化管理理论

这种管理理论和方法是在专业化管理的基础上，由管理者组织专家制定管理的标准，要通过一定的法律法规程序予以确定。这种管理的思想十分明确，最朴素的道理就是"没有规矩不能成方圆"。标准化管理虽然是组织和专家行为，但标准并不是武断和空穴来风，既要有权威性，又要有社会基础和群众基础，通过科学的过程来制定。在这一过程中有两个十分重要的环节，一个是标准的制定，另一个是标准的执行。第二点是标准化管理的要害，有时候可能还是成败的关键，在管理活动中，有了标准不好好执行，或者执行起来走样，必将导致标准化管理的全面失败。当然，这不是标准化本身的问题，是实施标准化管理的实践问题。

（五）组织管理理论

组织管理理论和方法的实质是最高决策层通过设置管理的各级组织，规定各级组织的职能，通过领导核心、组织授权、组织实施等进行的管理。组织管理的重点是组织结构的设计，关键是组织职能的授权。同时，也有人把它归结到组织的层级管理理论、组织的能级管理理论、组织的行为管理理论。组织管理理论要有严密的组织结构，要有明确的组织目标和组织功能，同时，要有一套有效的组织运作机制，否则，再好的科学组织，再完善的组织功能，没有好的运作机制它不可能活起来，甚至导致组织管理活动不可能有效地展开。

（六）模糊管理理论

这是一种现代的管理思想和方法，特别是在软管理方面，运用模糊数学的管理思想与技术进行管理。这是一种在高层次的人群中实施的行为管理，是一种软性管理。简单管理没有必要运用模糊管理，一般是在复杂的、庞大的、中长周期的、高智商的管理活动中实施。

三、高等教育管理概念

根据高等教育的目的和发展规律，调配高等教育资源，调节高等教育系统内外的各种关系，进行有效的计划、组织、领导和控制，以便达到既定的高等教育系统目标的过程。这是通常给出的高等教育管理的定义。

从教育管理的层面上讲，高等教育是中等教育基础之上的教育，因此，它是指高等教育这一特殊的专业层面上的管理。

从管理的分类上讲，也可以分为宏观高等教育管理和微观高等教育管理。

从管理的内容上讲，可以分为宏观高等教育管理中的战略规划管理、宏观调控管理，微观高等教育管理中的教育组织内部的具体的教育管理活动。

从定义分析，高等教育管理具有三层含义：

第一，高等教育管理的依据。高等教育管理的概念首先指明了高等教育管理活动的依据是高等教育的目的和发展规律。高等教育的目的是为社会提供各级各类高级专门人才，各级各类高级专门人才的教育是指在类别上为普通高等教育，成人高等教育；在性质上分为公办高等教育，民办高等教育；在层次上为专科教育，本科教育，研究生教育。这些教育的目的和目标是管理的根本依据。高等教育受到学生身心发展的影响，通过德育、智育、体育、美育等过程，培养全面发展的人，只有把人作为社会关系的总和来看待，才能对人的发展有全面的理解。因此，各级各类教育过程都有其自身的客观内在规律，只有正确认识它们的客观规律，才能实施科学的管理。高等教育必须受到经济、政治，文化所制约，并为经济、政治、文化发展服务。因此，生产力和科学技术的发展水平，社会的制度、文化传统都对高等教育活动产生制约；无论是国家宏观的高等教育发展政策的制定，还是高等学校培养人的过程，都必须遵循高等教育的目的和高等教育发展的客观规律。这也是高等教育管理的出发点。

第二，高等教育管理的任务。高等教育管理的概念指出了高等教育管理的任务，这就是有意识地调节高等教育系统内外各种关系和高等教育资源，以适应高等教育系统发展的客观规律。从一个国家或者地区来讲，高等教育系统是国家或者地区社会系统中的一个子系统，从高等教育组织系统来讲，高等学校也是一个社会子系统。由于系统中存在着多种矛盾，因此，高等教育管理的任务就是协调并最终解决系统中存在的矛盾。在高等教育管理中，要用系统论的眼光来设计高等教育的整体和各部分之间、要素与要素之间、学校系统与外部环境之间、学校系统内部的子系统之间的相互关系，树立整体的观念，并通过有效的管理实现系统要素间的整体优化。

第三，高等教育管理的目的。高等教育管理的概念还指明了高等教育管理的结果是不断促成高等教育系统目标的实现。在高等教育系统中，培养人是高等教育的根本目的，高等教育系统的一切工作（包括管理工作）

都必须围绕这一目的展开，对高等教育系统中各种关系和资源的协调构成了高等教育管理的目的，它的目的是通过有效的管理，确保高等教育实质性目的的实现。因此，高等教育管理最终也只能是手段。当然由于高等教育管理有其自身的需要，其自身也有目的，如效率就是管理的目的之一，但它是通过有效的管理来保证高等教育目的有效实现的。

综上所述，不论是宏观的高等教育管理还是微观的高等教育管理，所依据的是国家的教育方针，组织的发展目标，活动的制度规则，高等教育的基本规律，社会政治、经济、文化的发展背景与环境，通过立法的、行政的、经济的、市场的等手段进行协调和控制，保证高等教育人才培养质量、推动科学文化知识创新、促进社会进步等目标的实现，最终实现高等教育的可持续发展。

第二节　高等教育管理目标

一、目标及高等教育管理目标

（一）目标的含义和特性

目标就其词义来说，是指目的，如为一个共同的目标而奋斗。具体来说，目标是指在一定环境条件下和一定范围内，个人群体或组织以预测为基础，按一定的价值观，对自身行为所确立并争取达到的最终结果的标准、规格或状态。

目标是主观见之于客观的东西。一方面，目标集中反映人们的设想、愿望，体现其意识的主观能动性；另一方面，目标又超前反映未来的标准或状态，体现其存在预想的客观现实性。因此，作为目标，总要使主观需要和客观可能保持一致。目标具有以下特性。

（1）未来的导向性。目标属于方向的范畴，为人们展现未来的经过努力可以达到的前景。目标是对未来的预测，是超前思维的产物，对人类的实践活动具有引导作用。任何组织、部门要提高其管理效能，都必须制定某种方向维系和组织各个方面，以指引单位成员共同活动，只有使目标的影响渗透到各项工作中，才能达到鼓舞士气、增强凝聚力、提高工作效率和效益的目的。

（2）主客观的统一性。目标既是由人所设想和确立的，是"观念地存在着"的东西，它又总是人对客观认识的反映。人对客观现实有了正确的认识，才可能制定出正确的目标。正确的目标，必然是主观设想和客观存在的统一。主观和客观的高度统一性，是保证目标正确性的前提和基础。

（3）社会的价值性。目标不是组织自身所能完全决定的，也不纯粹是个人意愿的表现。按照系统论的观点看问题，任何组织都是社会中的或大或小的分子，其存在和活动的方式均受社会的制约．因而目标的确立必然要反映社会的要求。这种基于客观现实、体现主观意志、反映社会要求的目标是人们认同的一种方向，其一经确立，便具有使人们为之崇尚和追求的价值。

（4）系统的层次性。目标不可能是单一的，各级目标纵横排列，形成了层次结构。一般来说，上一层次的实现目标的措施，成为下一层次的目标；达到下一层次的或局部的目标，是为了实现上一层次或总体的目标服务的。高层次的目标往往从宏观角度出发，体现其战略性和概括性的特点；而低层次的目标往往从微观角度出发，反映出战术性和具体性的特点。目标有从属目标和递进目标，有隶属层次（总体、部门、个体）、时间层次（远期、中期、近期）、要求层次（高级、低级），构成目标系统。

（5）过程的实践性。目标的实现是连续性和阶段性相统一的过程，也是完成主观走向客观的过程。这一过程归根结底是实践的过程，离开实践就不可能制定出正确的目标，就谈不上目标的实现。因为目标总是在认识、实践、再认识、再实践的过程中制定、调整和实现的。

（二）高等教育管理目标的含义和规律

（1）高等教育管理目标是指高等教育主体根据实现高等教育目的的要求，对各项高等教育管理活动中管理对象在一定时期内所要达到的预想结果作出的标准规定。高等教育管理目标，从根本讲，与高等教育的育人目的是完全相统一的。随着高等教育改革的不断深入，高等教育与社会的经济、政治文化等各个方面的联系日益密切。相应地，也日益承担起更多的社会职能。它需要面对各种各样的社会期望，尽力满足多方面对知识和人才的需求，这就带来了高等教育管理目标的多样化。

（2）高等教育既具有外部规律，又具有其内部规律。外部规律是指高等教育必然受到社会诸因素的制约和必须为社会的政治、经济和文化等方面服务的规律。内部规律是指高等教育必须遵循人的认知、成长和发展规律以及人才培养规律。从外部规律和内部规律的划分方法出发，高等教育的管理目标，可以划分为外部目标和内部目标。外部目标是反映高等教育社会功能，即在经济发展和社会进步中所起作用的目标。内部目标则指反映高等教育活动状态的目标，如教育目的、要求、途径、质量、水平、条件保证等方面的目标因而，外部目标可以说是功能性目标，内部目标则可以说是状态性目标。外部目标体现于高等教育主管部门对教育活动的决策和控制上，内部目标则体现于高等教育实施部门（高等学校）对自身价值的追求上。

二、高等教育管理目标确立的意义

（一）高等教育管理目标确立的意义

在高等教育管理活动中，确立其管理目标具有十分重要的意义。

（1）目标是高等教育管理的出发点和行动依据，具有决定管理活动方向的作用。高等教育管理目标，决定高等教育管理活动的方向和任务，规定高等教育管理活动的内容，影响高等教育管理活动的途径和方法高等教育管理活动，是为了最终有效地实现高等教育管理的目标。没有目标的高等教育管理就失去了方向和意义。高等教育管理活动的全过程应着眼于对目标的管理。

（2）目标是调动高等教育管理者自觉性的重要手段，具有激励和鼓舞作用。做任何事都要注重效果，高等教育管理也不例外。虽然效果的取得受多种因素的影响，但人的自觉性和有效性是直接相关的。自觉性越高，有效性就越大。因此，确立并使管理者明白高等教育管理的目标，才能使之形成自发的思考和积极的行为，进而产生热情和激情。

（3）目标是处理高等教育管理主客体矛盾的必要条件，具有完善作用。目标既是预期可以达到的，也是需要经过一定的努力才能达到的。确立目标的全过程，也是分析和认识主客体矛盾的过程。实现管理目标的努力过程，也是发现矛盾、处理矛盾和最后解决矛盾的过程。

（4）目标是检验高等教育管理效果的依据，具有评估作用。检验高等教育管理的效果，主要不是看做了多少事情，而是要依据原来确定的高等教育管理目标检验实际管理活动的效果。只有确立高等教育管理目标，才能检验其管理成效的高低和效果的大小，才能使高等教育的评估有章可循。

（二）高等教育的目标管理

高等教育目标管理是高等教育管理者引导高等教育实施部门以及全体

成员共同确定高等教育管理目标及其体系，以目标为中心，明确各自责任和发挥各方面主动精神，协调和控制培养各类高级人才的工作进程，检查和评估完成状况的组织活动。简而言之，就是一种对高等教育目标的确定、实施和评估全过程的管理。

高等教育的目标管理，其基本含义包括以下内容。第一，高等教育目标管理和高等教育管理一样，均是高等教育的组织活动。但目标管理活动的特点是"以目标为中心"，与高等教育的计划管理、质量管理等有区别。第二，任何活动都是有过程的，在高等教育目标管理的活动过程中，目标是贯穿始终的主线，表现在目标的制定执行、检查和评估等方面。第三，高等教育目标管理的提出和发展，关注人的同时，注重人和工作的结合。必须使各层管理者和被管理者明确自身的责任，提高自觉性，做到自我控制、自我检查和自我评估。

高等教育管理的核心是高等教育的目标管理。目标管理活动的一般程序是目标制定、目标实施、目标检验、目标价值。这与一般常规管理过程中的四大环节，计划——执行——检查——总结基本上是一致的。因此，围绕高等教育的目标管理的过程，就能更好地实现高等教育的有效管理。

三、高等教育管理目标确立的依据

高等教育管理目标的确定，需要科学的依据。高等教育管理目标是整个高等教育发展目标的一部分，它的确立必然受制于高等教育发展的各方面的因素。确立高等教育管理目标，既要适应社会发展的外在要求，又要符合高等教育发展规律的内在需要，还要考虑高等教育管理对象的诸因素的不同状况。

（一）高等教育管理目标确立的社会发展依据

确立高等教育管理目标，必须把高等教育的发展放在整个社会发展中考察。当今社会，科学技术突飞猛进，综合国力竞争日趋激烈。为了迎接21世纪的挑战，国家制定了"科教兴国"的战略，从而为高等教育的发展提供了良好的机遇。

人类社会的发展，至今经历了从原始社会向农业社会的第一次转变和从农业社会向工业社会的第二次转变。今天，人类社会正经历着从工业经济时代向知识经济时代的第三次转变。知识经济是以知识资源为第一生产要素的经济，是以高技术产业为支柱产业的经济，知识经济的基本要求和内在动力在于知识创新和技术创新。我国只有主动迎接知识经济的到来，实施正确的"科教兴国"的发展战略，才能迎头赶上发达国家，从而在国际竞争中争取主动。

迎接知识经济、实施"科教兴国"的主要对策有两点：一是建立国家知识创新和技术创新体系，尽量使我国的科学技术，特别是高科技和高新技术产业有较大的发展；二是深化教育改革，积极培养具有创新能力的人才。这就使以创新知识和培养创新人才为己任的高等教育面临着新的挑战。

（二）高等教育管理目标确立的教育发展依据

实行高等教育管理，旨在为高等教育的改革和发展服务，最终实现高等教育目的。高等教育的发展离不开党的教育方针和政策的指导，高等教育管理应根据党的教育方针和政策目的要求来确定其目标。

现代高等教育的改革和发展，要求人们必须注视和研究国际经济、科技的发展趋势，增强教育的开放意识，认真借鉴世界各国的有益经验，从而加快发展我国的高等教育事业。这要求高等教育管理目标的确立既要围绕国家和社会对高等教育发展的基本要求，又要体现在管理理论上的科学性、管理理念上的时代性、管理实践上的高效性、管理内容上的切实性、管理过程上的目的性。高等教育管理目标的确立，如果缺少管理科学的思维方式，就不能使其目标合情合理，切实可行，就难以达到实行目标管理的目的；高等教育管理目标的确立，如果缺少时代特征，就不能使其目标符合高等教育改革与发展的要求，就有违高等教育管理的初衷；高等教育管理目标的确立，如果不能使其操作简便、明了、易行，就不易被管理的主客体双方接受，就难以达到事半功倍的效果；高等教育管理目标的确立，如果其内容要求不切实际，不考虑各地、各层次、各类型的具体情况，就难以真正为高等教育的改革与发展服务；高等教育管理目标的确立，如果在实行其全过程的各阶段，要求不明确，就会形成操作中的盲目性，并且难以在实践中加以修正，就不可能达到最后目标的要求。

高等教育的改革和发展，旨在更快更好地实现高等教育的目的，这一目的集中反映在国家和社会对人才的需求上。只有以高等教育发展为依据，才能体现管理目标的确立为培养社会主义建设要求的人才服务。

（三）高等教育管理目标确立的工作目的和依据

高等教育管理对象包括人、财、物等多种类型，通常称之为管理工作的目的物。在人、财、物各类管理对象中，人是最为关键的，因为财和物的管理最终均是由人来实现的，从这层意义上来说，高等教育管理的对象主要是人。由于人的层次、素质和水平的差别，高等教育管理的具体目标有所不同。如果不依据高等教育管理对象的不同层次和具体情况，把目标定得过高或过低，都会影响高等教育管理工作的成效。

高等教育管理对象具有双重性，既是管理者，又是被管理者。较之于高层管理者而言，中层管理者则是被管理者，较之于中层管理者而言，基层管理者则是被管理者，而基层管理者又是具体事物的管理者。不可否认，在当前高等教育管理对象不同层次的人员中，其整体素质，无论从思想观念、文化水平，还是业务能力，与以前相比都有提高。但是，随着高等教育的不断发展，高等学校结构布局的调整和管理体制改革的深入，部分人的育人观念、时代观念、敬业观念、服务观念等适应不了形势发展的要求，心理承受能力不足，主人翁意识不强。如果对上述情况不做深入地了解和具体的分析，那么就难以制定出切合实际的具体目标。另外，由于各地区发展的不平衡造成的高等教育发展的不平衡，显示出高等教育管理的差异性。如果在制定目标时不考虑不同地区管理水平及要求的差异性，对发达地区和不发达地区采取"一刀切"的笼统管理模式，那么，其目标就会造成空洞及操作过程的不切实际，从而使确立的目标流于形式。

四、高等教育管理的目标模式

高等教育管理的目标模式包括管理目标确立的理性模式、渐进模式和综合模式。

（一）管理目标确定的理性模式

理性模式主要要求是切实，即目标的制定者根据完备的综合信息、客观的分析判断，针对许多备选的目标方案进行论证评估，排定优劣顺序，估计育人的成本效益，预测可能产生的影响，经比较之后选择最佳方案。这种模式是以理性的行为作为选择基准的。理性的行为是扩大目标成就的行为，是根据客观资料，确立目标手段的行为。

理性模式的最终目的，是希望能够设计出一套程序，使管理者利用此程序，能够确立一个有最大"净价值成效"的合理目标。即希望能花最小的代价，获取最大的成果。而具有最大"净价值成效"的目标，就是一项理性的目标。"净价值成效"是指目标所要求的效果大于其付出的价值。在这个意义上，理性和效率意义相同。效率是价值输入和价值输出的比例。一个理性的目标就是效率最大的目标，目标所要求的价值与其在实行过程中所付出的价值之间的比值大于1。理性模式是人们在追求理性目标努力下创造的，是对理性目标制定过程中一种概括和抽象。

理性模式要求应满足的条件是：知道所有的教育要求及其相对的重要性；知道可能的多种目标方案；知道各种目标方案可能产生的结果；能估计目标方案所能实现的与不能实现的教育要求的比值；能选择最佳的目标方案。在这个模式中的理性，是指人们不仅要能知晓、权衡整个教育要求的实现程度，而且还要有关于目标方案的详尽资料、正确预测各种目标方案后果的能力，以及能准确把握管理成本与育人要求的操作程序。

理性模式可以促进高等教育管理目标确立的合理性，使内容切实，要求适中，操作可行。然而，由于管理者的能力和掌握的知识有限，其目标的确立不可能完全满足理性化的要求，从而需要通过渐进的方式加以修正。

(二) 管理目标确定的渐进模式

渐进模式的主要要求是调适（或修正），即运用"边际调适科学"的方法，以现行的目标为基础，通过时段的实践，再与其他方案相比较，然后决定哪些内容需加修改，以及应该增加哪些新的内容。

渐进模式的内涵概括为：管理者不必企图建立与评估所有的目标方案，只需着重于那些与现行目标有渐进性差异者即可；管理者只需考虑有限的目标方案，而非所有备选方案；管理者对每个方案只需论证几个可能产生的重要结果；管理者面临的问题一直在被重新界定，注意要求—手段与手段—结果的调适，使其过程的问题较易处理；高等教育管理的问题尚缺乏最好的解决方案，需要在目标实行过程中发现问题和逐渐解决问题；渐进模式具有补救性质，适应解决现实的与具体的问题，对目标趋势进行修正；渐进模式在于边际的比较，根据边际效果进行抉择，并不全面考虑每一项计划或每一个方案，所确立目标的优劣情况取决于管理者态度一致的程度。

与理性模式相比较，渐进模式较接近实际的管理情况，模式的构架较为精致完美。就管理者的个性特征而言，渐进模式也比较可行。渐进模式受到对现行目标成效的满意程度、问题性质改变的程度、现有可选方法中新方法的数量等条件的限制。如果现行目标的成效不能令人满意，则渐进模式就无法适用，现行目标仍有成效，是采用渐进模式的基础；如果问题的性质发生变化，那么渐进模式也无法适用，现有方法中，新方法数量多，则使用渐进模式的可能性就减少了。

渐进模式的应用，须具备下列条件：现有目标的成效，大体上能满足高等教育管理主客体双方的需要，从而使边际变迁在目标效果上能充分显示其新收获；管理者所面对的问题，在本质上必须是一致的，换言之，不同管理者对问题的看法基本是一致的；管理者有效处理问题的方法，须具有高度的共同性。以上条件，对渐进模式的效度（应用价值）具有决定性的影响。在高等教育改革和发展的形势下，新问题层出不穷，其管理上的渐进改变已难以适应实际需要，渐进模式的缺点也就开始凸现。

（三）管理目标确立的综合模式

综合模式是为了发扬理性模式和渐进模式之长，避二者之短而构造的一种控制模式。这种模式的主要目的是追求最优化。

广义上讲，凡是将两种或两种以上的模式混合使用，有机结合的模式都可以称为综合模式。但是，在当代高等教育目标的确立过程中，几乎所有的综合模式都包含理性成分。因此，广义上的模式都是理性与其他模式的结合。鉴于综合模式的多样性，在这里仅列举规范最佳模式和综合模式两种。

规范最佳模式吸收了理性模式的主要优点，此外，还把艺术的方法和规范科学的手段结合起来，如利用专家直觉、经验判断设计新的方案，进行各种可行性研究。在具体分析中，该模式还借用各种定性方法弥补诸多因素难以量化的不足。规范最佳模式主要有以下步骤：认清某些价值、目的和目标要求；探讨实现目的的目标方案，特别是创造新的方案；通过论证有限的备选方案的预期效果，并按优劣排序，获得事半功倍的发展方案或革新方案。管理者首先依据渐进模式检查现行目标及其执行情况，然后再利用各种目标分析的方法，与新目标进行比较并预测新方案的可能后果及期望值。另外，规范最佳模式还把调适目标确立的质量，调适目标确立系统本身，提高目标确立参与者的个人素质，建立必要的机制，进行必要的培训等认为是模式考虑的内容，将其包括到模式中来。规范最佳模式首先基于对现行目标的检查和论证，从而吸收了渐进模式的优点，它又吸收了理性模式的操作性方法，这就保证了方案的相对最优化。规范性的含义在于有一套目标确立的程序，还表现在它有系统的思考，即把一般意义上的控制与目标确立系统的改进联系在一起，这样规范化模式就包含了渐进模式和理性模式中的合理成分，成为更富有实用价值的模式之一。

综合模式一方面，应用理性模式，宏观审视一般的目标要素，分清主次，选取重点；另一方面，应用渐进模式探讨经过选择的重点，避免寻找所有可行的备选方案，也避免了对与目标无关的次要细节和次要方案的全面分析，不致耽于细枝末节，而忽视基本的目标要素。这就克服了理性模式和渐进模式的不足。综合模式在选定方案的审视方面，注重使用理性模式创造新方案，克服渐进模式的保守倾向。同时对重点问题、规格要求及主要的备选方案，则注意用渐进模式方法考察，注意与已有的目标进行比较，以拟定优化切合实际的具体方案，克服理性方法的不现实性。与规范最佳模式一样，综合模式也提供了一个搜集、分析、利用有限资料的特定程序和资源分配的策略标准。与理性模式相比，综合模式缩减了考察范围，节约了大量的时间、精力和资源；与渐进模式相比，它借助理性模式客观的方法对各种主要备选方案进行精细的调适，从而提高了方案的可靠性，又给创新方案提供了机会。因此，综合模式更具体可行。

第三节　高等教育管理规律

研究高等教育管理，就必须认识和掌握高等教育管理的客观规律。由于高等教育管理是一门新学科，目前还没有科学准确地概括出它的基本规律，但有一些学者对此提出了富有启发性的见解，对高等教育管理规律做初步探讨。

一、自然属性与社会属性相统一的规律

高等教育管理的自然属性，是指高等教育管理活动在本质上具有不因社会条件和时代背景而变化的稳定性；高等教育管理的社会属性，是指高等教育管理活动随社会形态的变化和历史发展过程中所形成的特殊个性而呈现不同特征的性质。

（一）高等教育管理的自然属性

高等教育管理的自然属件主要表现在三个方面：一是高等教育管理的普遍性。即高等教育管理是普遍存在的，不论哪个国家，哪个历史时

期，只要存在高等教育活动，就存在对培养高级专门人才的活动进行管理的必要。二是高等教育管理的共同性，即高等教育管理在各个历史发展时期都具有明显的共同地方，这些共同点不因国家的政治、经济、文化等差异而有所变更，也不因历史时期的变化而消失。正因如此，中国传统高等教育管理中的优秀部分就被继承和发扬，欧洲中世纪大学的校、院制一直被现代大学所采用，还有其学位制也一直沿袭至今。还有 20 世纪颇具影响的教育管理思想，也曾风靡全球。这些共同点来源于高等教育管理活动在其历史发展过程中形成的特点和规律，来源于人们在高等教育活动过程中遵循的一般原理。三是技术性，高等教育管理使用的技术和方法，各国都可以相互借鉴、学习、使用先进的管理技术和手段，如计算机用于高等教育管理等。

（二）高等教育管理的社会属性

高等教育管理的社会属性包含两层含义：一是高等教育管理具有历史继承性。即在人类创造历史的过程中，由于社会及自然环境不同，形成的各种地域文化在高等教育管理活动中留下了深深地烙印。这些"印记"在高等教育管理思想和管理信条上表现为不能超越一定的社会文化形态以及人们的社会心理状态，具有"同源文化"的国家和地区，在高等教育管理思想和管理哲学上具有很大的相似性，而"非同源文化"中所产生的高等教育管理思想和管理哲学就存在明显的差异。二是高等教育管理具有政治性。

高等教育管理必须也只能在一定的社会历史条件下和一定的社会关系中进行，生产关系的性质不同，生产劳动的组合要素、结合方式不同，管理的社会性质也不同。高等教育体制、管理政策总是执行和巩固一定的生产关系，实现高等教育目的。比如，以人为本的管理思想正是这一特性的体现。

自然属性和社会属性是高等教育管理活动本身所具有的两种属性，两者处于矛盾统一体中。这两种属性统一于计划、组织、指挥、协调、控制等管理职能上，根本上统一于高等教育管理效益中。

二、封闭性与开放性相统一的规律

高等教育管理的封闭性，是指在高等教育管理过程中，根据高等教育管理的特殊矛盾而在高等教育系统内部自我运转和良性循环的性能；高等教育管理的开放性是指在高等教育管理过程中，根据高等教育管理的特殊矛盾而在高等教育系统与外界环境相互关系、互相作用中实现物质、能量、信息交换的性能。高等教育系统的"存在"与"发展"、"必然"和"偶然"的矛盾统一是高等教育管理封闭性与开放性矛盾统一规律的两种典型的表现形态。高等教育的发展理论、权变理论和开放系统学说，都是以遵循这一规律为前提的。

（一）高等教育管理的封闭性

在高等教育系统内部，无论进行什么高等教育管理工作，首要的前提就是在相对独立、完整的高等教育系统内部，按照高等教育系统的特定目标而进行优化组合，即在高等教育系统的"投入—加工—产出"的过程中构成一个相对封闭的系统。没有封闭性，高等教育系统就没有相对稳定的环境，任何对高等教育系统的分析及高等教育管理活动过程都不可能存在。这种封闭性是一种客观存在，是为了更好地进行高等教育管理的必然要求。完全封闭的高等教育系统是不存在的，因为完全封闭就意味着与环境不进行任何物质、能量、信息的交换，这样的高等教育系统必然逐渐消亡，所以，高等教育系统和高等教育管理的封闭性又具有相对性。

（二）高等教育管理的开放性

高等教育系统一方面，受外界环境的制约和影响，另一方面又对环境施加影响；两者之间存在着物质、能量、信息的交换，这决定了高等教育管理的开放性。这是实现高等教育系统整体特性功能目标的需要，是实现高等教育管理高效益的需要，也是高等教育系统存在和发展的物质基础和基本条件。

（三）高等教育管理的封闭性和开放性既对立，又统一

首先，高等教育管理的封闭性和开放性是相对的。高等教育管理的封闭性的重点是强调高等教育管理系统目前的"存在"，将人力、物力、财力放在目前"存在"上，影响发展，失去了取得更大效益的机会；高等教育管理的开放性则强调高等教育管理系统的发展上，过分注意高等教育管理系统效益的最优化，忽视系统"存在"，将导致高等教育管理系统的"存在"基础动摇。其次，高等教育管理的封闭性和开放性又是统一的。高等教育管理的封闭是相对的封闭，是包含开放的封闭，并在开放的封闭中实现自身的优化和发展。高等教育管理的开放是在一定存在基础上的开

放，这种开放只有依存于相对独立的、完整的高等教育管理系统，才能和社会环境进行物质、能量和信息的交流，从而建立起新的更能适应社会发展需要的高等教育管理系统。

三、学术管理与行政管理相统一的规律

在高等教育管理中离不开行政管理，如制定高等教育的规划，对人、财、物等资源进行分配和调控，对计划的执行进行检查督促，协调高等教育系统中的各方面使其正常运转等。但在高等教育管理中，学术管理是很重要的方面，学术水平的高低、学术管理的成功与否，对高等教育管理的水平及其发展有重大影响。因此，在高等教育管理中必须坚持学术管理与行政管理的统一。学术管理与行政管理的不同点主要表现在以下三个方面。

（一）指导原则不同

学术管理中要坚持学术自由的原则，提倡百家争鸣，这是学术繁荣的基本条件。学术上的分歧要通过开展充分自由的讨论取得共识，不能由某个权威人物说了算，也不能采取少数服从多数，即所谓的学术民主方法。学术问题只能用学术标准评判，强调科学性，要用科学实验和论证、调查研究、同行专家评估的方法，而不能采用行政管理中行政决断的方法。行政管理中由于存在抓住机遇的问题，所以强调少数服从多数的原则，适时作出决断。但行政管理的重大决策，也要考虑其科学性、合理性，同时更强调要从实际出发，要考虑其可行性，考虑它会产生什么影响和效果。

（二）采用方式不同

在学术管理中，要根据不同学科专业的特点采用不同的方法。由于学科、专业、任务的不同，所运用的方法也就不同。因此，学术管理不能采用统一的模式，应该是多样化的管理方式。管理文科和理科的方法不一样，管理专业课和基础课的方法也不相同。行政管理则强调统一，由于它强调从全局出发，发挥高等教育的整体功能，因此，往往用集中划一的方式，用政策法令、规章制度等统一和协调高等教育管理的各方面工作。

（三）管理程序不同

学术事务的管理是依靠教授专家实行民主管理。在西方大学中，学科

发展方向的选择、学术规则的制定、学术梯队的配制，甚至包括教学研究人员的选聘等问题的决策管理，都由教授讨论会决定。我国实施"863 计划"，为了少出失误，在决策中也参照西方经验，实行了"首席科学家制"。在我国很多高等学校，学术事务管理上的决策，也都吸收教授参与讨论。行政管理是贯彻执行上级指示和领导工作意图，是一种"科层式"管理，强调下级服从上级，从上到下逐级指挥和布置，层层贯彻执行。

四、过程管理和目标管理相统一的规律

探索管理活动的过程是管理科学的核心问题之一。管理过程是为实现管理目标执行一系列管理职能的动态过程和环节。管理活动按一定的程序，行使其基本职能，形成有序的管理过程和环节，才能顺利地实现管理目标。如果对管理过程缺乏综合分析，就难以揭示各部分管理工作的内在联系。

(一) 过程管理

高等教育管理过程可以归纳为计划、执行、检查、总结四个环节。"计划"是起始环节，统领整个管理过程。计划环节包括确定目标、制定若干方案、选择决策、拟定行动计划等。制定计划最主要的内容是确定管理目标。"执行"是使计划付诸实施。执行环节是管理者在管理过程中实施组织、指挥、协调、控制等一系列管理职能，其内容包括建立机构，完善制度，组织人力、物力，指挥行动，协调关系，教育鼓励等。通过这些手段，协调人、财、物等各种要素的相互关系，使其效能充分显示出来，使计划得以实现，达到既定的目标。"检查"是对执行的监督和加强，因此检查环节和执行环节是结合在一起的，不是截然分阶段的。检查环节主要是实施管理的控制职能，其重要内容是建立反馈渠道和机构，及时提供反馈信息，以保证计划所规定的目标的实现。检查还能检验计划的正确程度，必要时采取追踪决策，调整计划，修改或补充执行措施。"总结"是终结环节，是对计划、执行、检查这三个环节的总检验，是用计划目标作为尺度对管理的全过程进行总评价，也是为新的计划提供依据，起着承前启后的作用。由此可见，管理目标统帅、指导着管理全过程，管理过程的各个环节都是为实现管理目标服务的。高等教育管理者在管理过程中，一定要保持清醒的头脑，时刻不忘管理目标，一切为实现管理目标而奋斗，如果成天忙于事务，把手段当成目标，那就会迷失方向。

（二）目标管理

目标管理是运用目标指导管理过程的一种管理方法，其内容包括：由管理者和被管理者根据组织的任务共同确定管理目标，包括把总目标分解为部门目标和各成员的个人目标；动员各部门和全体成员自觉地为实现各自的目标而努力工作；用管理目标检查工作的进度和评估工作的成效，根据成果实施奖惩。

高等教育管理过程还有难以控制的特点，原因有以下几点：一是学校教育工作的周期性长，管理效能具有滞后性，它的社会效益要在若干年以后才能显示出来；二是教师工作决定了其工作方式大多是个体劳动，具有很大的独立性，不像工厂生产物质产品那样按工序进行严格的分工；三是高等学校的"产品"（学生）很难定型化、标准化，培养学生的质量不易检验，而且学生还有很大的可塑性，学生的性格、思想、智能也各有差别，在管理过程中要注意因材施教，这也增加了控制的难度。因此，高等教育管理要把过程管理和目标管理结合起来。

五、管理与服务相统一的规律

一般来讲，管理具有两方面的职能，一是协调和控制生产关系的职能，二是组织生产的职能。在管理实践中，这两方面的职能就是指管理与服务。两者虽有区别，但又密切联系，相互促进，是辩证统一的。服务工作做得好，有利于加强管理，而科学有效的管理本身就是很好地服务。

在高等教育管理中，必须注意根据高等教育的特点，处理好管理和服务的关系。要正确处理好高等教育管理中管理和服务的关系，关键是正确对待教育工作者，特别是高等学校中的教师。在高等学校中教师既是主要的管理对象，又是主要的服务对象。在高等学校中必须充分理解和尊重教师，因为办好高等学校，搞好教育管理，主要依靠教师。要尊重他们的人格和个性，理解他们具有个体的劳动方式、喜欢独立思考、遇事求真的思维习惯等特点，对他们的业务成绩要合理评价、充分肯定。

在高等教育管理中，在处理管理和服务的关系时，还必须把对上级领导机关负责和对群众负责统一起来。要管理，必然要按上级指示和规章制度办事，这是应该的，也是容易做到的。但高等教育管理事业的发展，必须依靠师生群众，只向上级负责，看不到群众，必然不会从实际出发解决问题，必然会挫伤教师的积极性，从而不利于高等教育管理工作的开展。

第四节　高等教育管理原则

一、高等教育管理原则确立的依据

原则是人们对客观规律的认识和反映，是指导人们观察和处理问题的准则。由于规律具有不以人的意志为转移的客观性，因此，作为客观规律反映的原则也应该具有一定的客观性。任何管理活动，总是自觉或不自觉地遵循着某种原则，这就是管理原则。为了使管理活动有效，管理原则必须符合客观规律，并且不断地随着社会的变化而发展。

高等教育管理原则是从事高等教育管理时应遵循的活动准则和基本要求。它是从高等教育管理的实践活动中总结提炼出来的，反映了高等教育管理活动的特殊性规律和特点。确立高等教育管理原则，既要借鉴现代管理的一般理论，又要充分考虑高等教育管理的特殊背景；既要追求理论上的相对完备性，又要强调对实际工作的指导意义。尤其要分析各原则是否涵盖，以及在多大程度上涵盖整个高等教育管理领域，从而给高等教育管理原则以科学、客观、合乎逻辑的定位。从以下几个方面分析高等教育管理原则确立的依据。

（一）既要遵循一般管理活动的客观规律，又要遵循高等教育的客观规律

管理存在自身的规律，管理活动必须遵循这些规律。一般管理活动的规律就是管理各基本要素之间内在的本质的联系和管理过程的逻辑关系。现代行政管理学的理论和方法就是对行政管理活动一般规律的认识和反映。行政管理思想经历了工业管理、人际关系、结构主义等发展阶段。教育管理在不同场合、不同程度上借鉴了行政管理思想。例如，人际关系理论注意到员工的积极参与、满意、合作以及士气与团体的凝聚力，有可能使生产效率得到提高。这种思想也影响到教育行政管理人员寻找方法提高教师和学生的积极性和主动性，以期最大限度地发挥他们的创造力。

虽然一般的管理理论与方法对高等教育管理原则的确立有一定的借鉴意义，但管理活动不能脱离事物本身的发展规律，高等教育管理必须遵循高等教育的客观规律，高等教育管理按照高等教育规律的要求，调节和协

调高等教育活动中的各种关系，以保证高等教育目标和任务的实现。因此，认识和掌握高等教育的客观规律，是确立高等教育管理原则的客观依据。

高等教育的一般基本规律包括两个方面：一是高等教育与社会协调发展的规律；二是高等教育与受教育者身心全面发展相适应的规律。高等教育管理原则必须以这两个规律为前提，才能避免高等教育管理与高等教育工作者之间的对立和冲突，从而最终提高管理效益。与一般的管理活动相比，高等教育活动存在一些特殊规律，它们构成了这门学科专门的研究领域。例如，经济效益与社会效益的关系、人才培养与科学研究的关系、学术管理与行政管理的关系等。高等教育管理原则的制定与人们对这些特殊规律的认同密切相关。如果把外国管理著作中的理论套用到我国高等教育管理实践中，或者是生搬硬套经济领域的管理理论和原则，就会脱离高等教育的特点和规律，不可能提出正确的高等教育管理的基本原则。

（二）高等教育管理活动的特殊性

作为管理对象核心的人，高等学校与工厂不同。工厂管理者面对的是工人，工人生产的是没有意识的物品；高等教育管理者面对的是教师和学生。教师既是管理对象又是管理者，他们面对的是有意识的学生。学生既是被教师塑造的"产品"，又参与自身塑造，从这个意义上说，学生也是管理者。因此，高等教育管理中要充分调动教师和学生的积极性和主动性，并为他们创造有利于独立思考、自由发挥的条件和环境。

同时，由于教师和学生都是脑力劳动者，高等教育管理过程以知识为中介，有大量的学术问题，因此要注意行政管理与学术管理的统一。这也是高等教育管理的特殊性。

（三）高等教育管理原则的系统性

教育管理原则不应是随机的、零散的，而应构成一个系统，具有整体性、目的性和关联性。

高等教育管理原则体系的整体性在于，各原则围绕怎样提高高等教育管理效率这一目标结合为一体，没有一条原则能脱离原则体系整体而存在。只有存在于原则体系中，每一条原则才有它的功能，而且原则体系的功能是以整体功能而论，而不以某一条原则的功能而论，原则体系的整体功能不等同于各条原则功能的简单相加。各条原则只有在原则体系整体功能目标即提高高等教育管理效率的指导下，以合理的方式相互联系在一起并充分发挥各自功能，才能保证原则体系整体功能的实现。

高等教育管理原则是从事高等教育管理时应遵循的行为准则和基本要求高等教育管理原则体系的目的性在于，利用原则指导具体的高等教育管理实践活动，使管理活动更符合客观规律，从而提高高等教育管理效率。

高等教育管理原则体系的关联性是指涉及高等教育管理过程的各条原则应该相互依存、相互补充、相互制约。

二、高等教育管理的基本原则

高等教育管理的基本原则应该是根据一般管理学的原理提出的，同时又特别适用于高等教育管理领域；它们必须全面、准确地反映高等教育管理活动的特点、本质与规律；它们在理论上是完备的，在实际工作中又是切实可行的，能覆盖整个高等教育管理活动领域，普遍有效地指导高等教育管理实践活动。根据前面对高等教育管理原则确立的依据分析，高等教育管理基本原则体系应该包括以下五个方面。

（一）高等教育管理的方向性原则

管理是一种有目的的活动，管理工作必然有方向。管理成效的大小，首先决定于方向是否正确。任何管理都是为了实现一定的管理目标。管理目标是管理活动的前提，管理目标体现管理的方向．教育是培养人的社会活动，就其本质来说，教育必须与一定的社会政治、经济相适应，并为其服务。不论什么社会性质的高等教育，培养什么样的人都是一个根本问题，是高等教育目标的核心，它集中体现了高等教育管理的方向。

新时期党和国家的教育方针是教育必须为社会主义现代化建设服务，与生产劳动相结合，使受教育者成为德、智、体、美、劳等方面全面发展的社会主义建设者和接班人。这一方针明确规定了我国高等教育政治方向和服务方向、教育目的和实现教育目的的基本途径。

首先，要坚持社会主义的政治方向。社会主义的高等教育管理，必须坚持社会主义的政治方向。教育是具有阶级性的，任何一种社会制度都要以它的意识形态教育和影响学生。高等教育管理必然受到一定的生产关系和国家的政治经济制度的制约，有鲜明的阶级性。我国作为社会主义国家，要求高等教育必须以社会主义意识形态教育和影响学生，为社会主义建设培养具有坚定政治方向的建设者和接班人。要明确我国的高等教育是社会主义性质的，要为社会主义服务，坚持社会主义的政治方向。如果不首先明确我国高等教育的社会主义性质，那就谈不上有正确的办学方向。坚持社会主义的政治方向，要有现实针对性。随着信息技术的发展，发达资本主义国家凭借技术优势，作为主要的信息输出国，控制全球信息与通信的命脉，其音乐、电影、电视与软件几乎遍及全球。它们影响着几乎所有国家的审美观、日常生活和思想。因此，我们要注意西方意识形态的渗透，注意国外敌对势力利用各种机会对我国施行"西化""分化"的阴谋，坚持高等教育管理的社会主义政治方向。

其次，要坚持为社会主义经济建设服务。1985 年通过的《中共中央关于教育体制改革的决定》指出，"教育必须为社会主义建设服务"。这里所说的"服务"是全面的，既包括为社会主义政治服务，也包括为社会主义经济、文化建设服务。在社会主义现代化建设中，人们始终要以经济建设为中心，不能干扰这个中心。高等教育的根本任务是培养人才，高等教育为社会主义现代化建设服务，主要是通过培养社会主义经济建设需要的人才来实现的，这称之为高等教育的服务方向。

高等教育要坚持社会主义政治方向，同时要服务于经济建设这个中心，主动适应经济和社会发展的需要，从两个角度规定了高等教育的办学方向，各有侧重，相辅相成，两者并不矛盾。政治方向是从高等教育的社会性质来讲的，服务方向是从高等教育的工作任务和目标来讲的。政治方向规定了服务的社会主义性质，服务方向体现了坚持社会主义政治方向的实际内容。因此．不能说高等教育的方向性只指政治方向，而没有别的内容，这是不全面的。社会主义高等教育的方向就是坚持为社会主义现代化建设服务的方向。

（二）高等教育管理的高效性原则

任何管理活动都是为了提高组织系统的效率和效益。管理效率和效益的关系，是与管理目标联系在一起的。目标正确，效率越高，效益越好；管理效益的大小就是在消耗一定的人力、物力、财力和时间等资源的条件下，实现管理目标的程度。

高等教育管理的高效性原则是高等教育管理本质的直接体现和具体化。它要求以一定的高等教育资源投入，培养和提供更多的合格高级专门人才和高水平的研究成果。或者说，培养和提供一定数量的合格人才和研究成果，投入的高等教育资源要求最少。

高等教育所产生的效益是多方面的，它既能促进生产力的发展，又是建设精神文明不可或缺的手段，是社会得以延续和发展的重要条件。这些主要体现在提高劳动者素质和培养人才的数量和质量方面,同时,高等教育在发展科学技术文化方面的作用也是十分重要的。高等教育是需要大量投入的事业,而发展高等教育的资源又是有限的,它靠社会提供,既受社会经济发展水平的制约,也受社会政治制度、管理体制和人们教育观念的制约因此,高等教育管理既要注重经济效益,即以较少的投入培养更多的人才,注意节省人力、物力和财力,更要注重精神效益、社会效益,即坚持办学的政治方向,全面提高高等教育的质量。

(三) 高等教育管理的整体性原则

高等教育管理整体性原则既决定于高等教育系统的整体性,又受制于培养高级专门人才的高等教育目的。高等教育管理的整体性原则可表述为,以培养人才为中心,科学地组织各方面工作的有效配合,并充分地考虑社会环境中诸因素的影响。

高等教育的根本任务是培养人才。培养人才不仅要组织好教学工作,还必须有思想教育工作、师资培养工作、科学研究工作、后勤管理工作等与之配合。除了培养人才的职能以外,高等学校还有开展科学研究的职能和直接为社会服务的职能。高等教育管理的目标和内容,不是单一的教育、教学活动的管理,而是包括教育、科学研究和直接为社会服务等活动的综合管理。不论是培养人才、开展科学研究和为社会服务,都与社会系统紧密相关,都必须与社会经济、政治、科学文化相适应,因此,必须把高等教育管理放在整个社会环境中考虑。

高等教育管理要以培养人才为中心,各方面活动的开展都要服从于培养人才这个首要任务。就政府对高等教育的宏观管理来说,首先要做好培养人才的决策和宏观控制,包括人才培养的预测规划、总体规模、发展速度、结构布局等,以及通过组织、计划、协调、立法、拨款、检查评估等手段,保证培养人才的数量和质量。就高等学校的管理来说,各部门的工作都要面向学生,教学和思想教育工作要遵循人才成长规律,科研、生产工作要与教学工作结合,后勤工作要为教学和科研服务,而不能各自为政,各行其是。

要处理好教学和科研的关系,使两者相互结合相互促进。教学是高等学校培养人才的主要方式和基本途径。但是,不能把教学工作仅理解为课堂讲授。教学活动既包括通过课堂讲授使学生学到间接知识,也包括指导学生获得直接知识和掌握学习方法。因此,教学是传授知识、发展智力、培养能力和形成良好思想品德的综合过程。科学研究是培养人才的重要途径，把科学研究引入教学过程是高等学校教学过程的一个重要特点，它能给学生创造全面发展的环境和条件。学生通过参加科学研究能够有目的地、主动地学习，完成研究任务所需要的理论知识，进行积极思维，在实践中发展各方面的能力，培养创新精神；还能培养学生养成严谨的治学态度、踏实的工作作风和团结合作的精神；能更好地促进师生之间教与学两方面的信息交流，使教师对学生了解得更深入更具体，有利于实行因材施教，更好地发挥学生的特长和主动性。开展科学研究还能够提高高等学校教师的学术水平，充实和更新教学内容，改进教学方法，使教学质量不断提高。因此，不应该把科学研究和教学对立起来，而应该使两者互相结合，互相促进高等学校教学传授给学生的知识，是前人实践经验的系统总结。科学研究正是在已有知识的基础上探索和总结新的知识，进一步加深对客观世界规律性的认识。因此，从人们的认识活动来讲，只有开展科学研究，把生产实践和科学实验的成果总结成各种理论体系，使人们不断地获得新的知识和能力，才有可能进行各门学科和专业的教学。从这个意义来讲，科学研究是"源"，教学是"流"，科学研究总是走在教学的前面。在教学中给学生讲授的理论知识，并不需要也不应该要求教师都通过自己的研究实践进行总结和积累。但是，现代科学技术的发展日新月异，高等学校的教师如果不通过开展科学研究，及时了解和掌握本门学科和相关学科的最新动态和发展趋向，而仅停留于传授现成的书本知识，那就不可能提高等教育教学质量，培养出适应现代科学技术迅速发展和现代化建设需要的合格人才。

发展科学技术文化，也是高等学校的重要任务。随着现代科学技术日新月异的发展，高科技向现代生产力转化越来越快，高新技术产业在整个经济中的比重不断提高，科技在经济发展中的作用越来越大。21世纪是高新技术迅速发展的世纪，我国改革开放和现代化建设进入承前启后、继往开来的关键时期，国家的经济建设和社会发展比以往任何时候都要更加倚重于科技进步。在这种形势下，高等学校特别是重点大学的科学研究工作更应大大加强。

直接为社会服务也是现代高等学校的一项重要社会职能。高等学校的培养人才、开展科学研究、为社会服务这三项职能是互相联系、相辅相成的开展各种形式的社会服务，有利于加强学习与社会的联系，增进对社会需求的了解，增强主动适应经济发展和社会发展需要的能力；有利于高等学校的教学更好地理论联系实际，培养锻炼学生解决实际问题的能力，提高教学质量；有利于进一步发挥学校的潜力，充分调动教师职工的积极性和主动性，通过有偿服务，为学校筹集一部分资金，以弥补办学经费之不足，用以改善办学条件和师生员工的生活条件。但是，高等学校必须以培养人才为中心。衡量学校工作的根本标准是培养人才的质量和数量，绝不能只看经济收益的多少，搞短期行为，而不顾教学质量和学术水平。因此，一定要处理好培养人才与直接为社会服务的关系。必须统筹兼顾，加强管理，对收益进行合理分配，有利于调动各方面的积极性，特别是在教学第一线工作的教师的积极性。

（四）高等教育管理的民主性原则

高等教育与社会发展相适应的规律决定了高等教育是开放的系统。高等教育发展的历史已经证明，追求科学与民主是高等教育的重大使命。追求科学，可保证高等学校教学、科研的生命活力；发扬民主则是追求科学的保障。高等教育管理的民主性原则主要是由高等教育管理封闭性和开放性相统一的规律所决定的。要办好既封闭又开放的高等学校，不发扬民主，不调动师生员工的积极性和创造性是难以实现的。因此，高等教育和高等学校进行重大决策时，都必须发扬民主。

高等教育管理的民主性原则可以表述为：依靠广大教职工和学生民主管理学校，动员社会力量参与高等教育管理。高等教育领域人才荟萃，学术思想活跃。高等教育管理工作必须注意充分体现学术自由的特点。高等学校的教学与科研，就其本质而言是学术活动，需要充分的思想自由，需要民主制度作保障。因此，对高等教育实行民主管理具有特殊的重要性。就管理对象的特点来说，在高等学校，教师和学生既是管理对象，又是管理主体。教师和学生的特点，都是从事学术性很强的教学、研究和学习，是精神生产，主要靠自己独立钻研和思考、探索。只有靠内在动力，也就是靠调动他们的积极性和主动性，才能完成管理目标。学校的培养目标、教学计划、教学大纲等，要靠教师去实施；教学内容和教学方法的改革，要靠教师自觉地去探索和实行。同时，也要激发学生的主动性并积极地配合，自主地进行学习。充分调动教师和学生的积极性，让教师和学生参与管理，这对于增强内聚力，增强对领导管理者的理解和信赖，对于及时改进管理措施，提高有效性，都有极大的好处。因此，高等学校要搞好管理，必须依靠教师发挥能动作用，同时，一切与学生的学习和生活有关的决策，还要注意听取学生的意见。

就高等学校工作的复杂性来说，在高等学校一般都设有许多专业和课程，有教学、科学研究、生产、思想教育、后勤以及校内校外关系等各方面的工作，有众多的人员，具有极大的复杂性。管理好一所大学，需要很多学问。任何一所大学甚至一个系的领导都不可能完全懂得所设的各专业、各门课程和各方面的工作。从这个意义上来说，必须依靠调动广大教师职工的积极性，集思广益，共同管理，才有可能把学校办好。有关教学、科学研究、学科建设的重大决策，一定要注意听取和尊重教师特别是教授们的意见。教授在他们所从事的专业、学科领域里是专家，注意听取他们的意见，有助于保证有关决策的正确性；由于教授们在学术上的权威性，在师生中有较大影响，他们参与决策，更能够得到师生员工的拥护和信赖，有利于决策的实施；教授们的言行对学生有潜移默化地影响，让教授积极参与学校的民主管理，有利于培养学生的社会责任感。

就政府对高等教育的管理来说，由于高等教育有学术性强、专业学科门类多的特点，要充分尊重专家学者的意见。因此，要给高等学校学术自由和必要的办学自主权，避免过多的行政干预。高等学校还有多样化的特点，这是因为社会对高等教育的需求是多样化的，不同地区、不同条件和历史背景的学校是多样的，这要求政府不仅要处理好中央集权和地方分权的关系，而且要使高等学校有办学自主权，以利于学校办出自己的特色，适应社会的不同需求。政府的作用是进行宏观控制和协调，为学校创造良好的环境和条件，通过财政的、政策的导向和法规的约束，引导学校主动地得到发展。民主性原则要求在高等教育管理中制定决策民主化、执行决策民主化和评定决策执行结果民主化。

高等教育管理中，决策工作要充分发扬民主精神，这种民主精神体现在，让被管理者民主的参与决策过程，这样可以集思广益，提高决策的科学性，使之更切合实际。管理者要随时了解和掌握决策的执行情况，在此基础上调整和改进决策的执行方案和方法。在这一过程中，不论是了解执行情况还是调整、改进执行的方案和方法，都离不开民主的作风。管理者应该秉公办事，在处理公务时不应谋取私利，要尊重下属，虚心向他们求教，及时地对方案和方法的执行情况进行调整和改进。决策执行结果的评定，不仅关系到对本决策的指定者和执行者工作的评价，而且关系到下一个决策的制定和执行。评定工作要贯彻民主原则，有利于激发和强化决策者和执行者的工作热情，有利于发挥和发展他们的创造性，最终有利于高等教育管理效益的提高。

（五）高等教育管理的动态性原则

任何事物都是处于不断变革之中的。管理过程是一个不断发展变化的动态过程。管理对象内部诸要素是不断发展变化的，它们之间的关系也在不断发展变化着，管理系统的外部环境也是变化、发展的。因此，管理过程的实质，就是根据管理对象和条件的变化、发展，对其相互关系作出相应的调整，以实现整体目标。

我国正处于经济转型期，相应地，引起社会生活各个方面的变化，随之需要改革高等教育，使之适应并促进社会经济、文化、科技等体制改革的要求。高等教育作为一种社会技术系统，与外部环境处于动态的相互作用之中一开放系统的一个特点是能够变化其内部子系统，以便对各种环境中的偶然事件做出反应。管理活动与管理对象、管理环境之间有着本质的、必然的联系。高等教育管理过程中要完成的任务、组织的结构、用来完成任务的技术和参与的人员都处于动态之中。一方面，高等教育活动必须按照管理的基本原理和原则进行，保持管理的相对稳定和应有的秩序；另一方面，高等教育管理的对象、内容、方式、手段都在变化之中，要求运用高等教育管理原则时有灵活性。

高等教育管理的动态性非常明显。随着现代科学技术的发展，社会对高等教育的需求在不断变化，社会给高等教育提出的条件也在不断地变化高等教育要为社会服务，必须主动提高适应经济和社会发展需要的能力。这就要求高等教育必须不断改革、创新。高等教育体制改革的目标，就是逐步建立使学校具有主动适应国民经济和社会发展需要的有效机制。就高等学校本身来说，学生每年有进有出，教师队伍也需要适时补充和调整，教学和科研的设备也在不断地更新。经济体制改革、政治体制改革和科技体制改革的深化，对高等学校不断提出新要求。

因此，高等教育管理的动态性原则可表述为，通过不断的改革以主动适应经济和社会发展的需要。动态性原则要求人们做到以下几点。

第一，以发展的战略眼光看问题，认识到任何事物都不是静止不变的。只有改革才能促进教育发展，教育要发展则必须不断地改革。第二，处理好变革与稳定的关系。在变革不适应部分的同时，要继承高等教育合理的内核。既不能墨守成规、抱残守缺，坚持既成的体制和维持现状，也不能全盘否定以往的经验。另外，要注意不能朝令夕改，尤其在高等教育改革方面要持慎重的态度。

高等教育管理的动态性，从根本上讲，是由高等教育必须与社会的政治、经济、科技、文化的要求相适应这一基本规律决定的。由于社会是不断发展的，高等教育也必须随着社会的政治、经济、科技的发展不断地改革，以适应社会发展的需要。高等教育管理对象和外部条件的这些变化，管理工作中不断出现的新情况，需要不断地总结新经验，解决新问题。

以上五条原则是高等教育管理的基本原则，是普遍适用的。方向性原则反映了我国高等教育管理的性质，从根本上确立了社会主义高等教育发展的大方向，规范了高等教育的培养目标；高效性原则指出了管理工作的本质特点和根本要求；整体性原则反映了管理工作的基本要求；民主性原则贯穿高等教育管理活动始终，为高等教育管理活动顺利进行提供了良好的氛围，保证管理工作有重要的动力；动态性原则指出完善管理工作的根本途径。它们相互制约、相互促进，共同指导高等教育管理的全部活动，构成了一个完整的原则体系。在实际工作中，贯彻这些原则是紧密联系、相辅相成的。

第五节　高等教育管理矛盾

高等教育管理的基本规律，从根本上反映了高等教育管理的特殊矛盾，即高等教育系统投入资源的有限性与实现既定的高等教育系统目的的矛盾。围绕这一特殊矛盾展开的高等教育管理活动还会出现新的矛盾，存在一系列反映高等教育管理活动中各种因素的对立统一关系的矛盾，它们是高等教育管理规律不同形式的体现，是高等教育管理规律和高等教育管理活动各种因素相互作用的交错点。这些矛盾虽各有自己的特殊内容，但又都反映着高等教育管理过程的本质，是我们理解高等教育管理活动中各种复杂关系相互作用的钥匙，它指导着我们认识这些矛盾运动及发展，并最终指导着高等教育管理的实践。前面我们一再强调，管理的主要工作之一就是协调，高等教育管理的本质就是协调。协调什么？其实就是协调高等教育管理活动中的矛盾。

一、集权与分权

协调中的矛盾焦点之一就是权利，权力和利益是协调中的核心问题。集权还是分权，是一个很复杂的问题。从国家层面来讲，高等教育管理中的集权是指由国家统一管理高等教育，把高等教育的管理权力集中在中央的一种管理模式，它起着缩小下级高等教育权力机关权限的作用，是进行统一管理、统一指挥的主要手段。高等教育集权的范围很广泛，如计划、招生、学位、毕业、经费、分配、人事、外事等，其途径一般是规定下级组织裁决问题范围的一般标准，即规定该管什么、不该管什么，哪些事可以自己做主、哪些事须报上级批准后再做等。分权就是分散权力，是指高等教育的上级管理部门将某些范围的权力下放给下级管理部门，下放给高等学校组织，使下级管理部门具有更大的决策和管理的自主权。我国高等教育的集权和分权主要涉及两个方面的关系：中央和地方的关系；政府与学校的关系。

（一）集权和分权各有利弊

集权的优点是可以在一定程度上保证决策的权威性。实行高等教育管理集权可以根据国家和社会发展的需要对全国高等教育实行统一规划、统一领导，以保证高等教育与国家政策、社会政治经济环境的协调发展，满足国家对高等教育的需求。其缺点是容易产生管得过多，管得过死的弊端，不能灵活适应多变的社会环境，不能很好地调动地方、部门办学的积极性，也不能激发高等学校办学的积极性和主动性。分权的优点是可以使高等教育管理的上级部门减轻工作负担，使其从具体事务的包围中解放出来，而更专心地从事统率全局的工作，可以使高等教育组织系统的各级部门都负有一定的责任，不会使其感到无所作为，从而发挥其办学的积极性和主动性。其缺点是容易产生宏观失控，地方和部门盲目发展高等教育，造成部门分割、条块分离的局面，学校不规范办学等，影响办学效益和教育质量。因此，在高等教育管理过程中，从管理的体制上要把握好集权和分权的度。过度集权意味着什么都管，上级的决策出现大包大揽，还会扼杀下级工作的积极性和主动性。过度分权，什么事都不管，则会使上级对下级失去控制，谁也管不了谁。一般来说，把握集权和分权的度应从管理问题的性质上去考虑。凡是带有全局性、根本性、长远性的战略问题，应尽可能地求其协调、集中和统一，上级要指挥下级，下级必须报告上级，以达到令行禁止的目的。集中要有一定的度，应让下级对一般事务和问题拥有相当的权力，使之能按变化的具体情况独立决策。总之，集权和分权的度应遵循国家宏观调控下的学校自主办学的原则，使之在不断地相互补充中发挥作用。同时，为了让责权分明，必须通过法律的手段予以确定，执行起来做到有法可依。

（二）集权和分权的转化

集权和分权的转化有两种形式：一是被动转化，即在过度集权的管理或过度分权的管理有碍高等教育管理活动的情况下，由过度集权向分权或

由过度分权向集权转化。目前世界许多国家高等教育管理都存在着这种转化的趋势。例如，美国正在由过度分权的高等教育管理向适度集权的方向转化，我国则正经历着从过度集权向适度分权的高等教育管理体制的方向演变。二是主动转化，即在出现管理体制可能有碍于管理实践发展的问题之前就注意调整集权与分权的关系，在动态中把握两者变化的度，以消除由于两者的不平衡所造成的损失，从而保证整个高等教育系统健康、协调地发展。但从集权和分权的关系看，两者的平衡或适度、不平衡或过度现象则是经常出现交替的状况。由于高等教育管理活动的复杂性，集权和分权的度很难十分恰当地把握，两者的地位也会不断转化，有时矛盾的一方面表现十分突出，矛盾的另一方面又有所上升。我国高等教育管理体制演变和总趋势是分散—集中—适度分散，而这种演变或转化是否是一种被动的转化是值得研究的，这种转化给我国高等教育事业的发展带来过许多问题。因此，集权和分权转化的最佳选择应是主动地控制它们的转化，在动态中调节以求适度平衡。同时，在实施的过程中要注意防止走极端，我们强调的是调整的"度"，而不是笼统的、简单地集权或分权，集权和分权都是必需的，两者要相互补充、相互协调。

二、个人与组织

高等教育系统是以人为主体构成的社会系统，这个系统中的个人是指在高等教育活动中具有自己的意志、利益和行为的人，这些个人可以包括具体的高等教育的行政管理人员、教师、学生、教辅人员、服务人员等，他们首先是以个人的形式存在于高等教育系统中，其中每个人都有自己的思想和感情，都有自己的需要和利益，都有自己的行为和活动。在高等教育管理活动中，这些个人可划分为管理者与被管理者，虽然这种划分是相对的，因为每个人在高等教育管理中的身份可能是双重的，即可能是管理者又可能是被管理者，这是由管理的层次所决定的，每一个人虽有差别，但都是组织中的一个成员，不能离开一定的组织而存在。高等教育系统中的组织是由具有共同的高等教育目标和相互协作关系的若干个人结合而成的一个实体，它既可能是一个行政的组织，也可能是一个学术地组织。共同的高等教育目标使得具体的教师、学生、管理人员等个人结合在一起，而具体的教师、学生、管理人员等个人的相互协作又为高等教育目标最大限度地实现提供了保证。在高等教育管理中，个人和组织既有对立的一面，又有统一的一面，两者所构成的矛盾从本质上说是利益与责任、

需要与满足需要的矛盾在高等教育管理活动中的反映。

个人和组织对立的一面主要反映在以下两个方面。第一，组织利益高于个人利益。个人利益不等同于组织利益，组织利益是个人利益的总括和集中表现，无疑高于个人利益。在高等教育系统中，每一个高等教育组织的利益最终都要通过高质高量的出人才、出成果和为社会服务来体现，而每个人的利益则可能千差万别，其中既有与组织利益一致的，也有与组织利益不一致甚至矛盾的。第二，高等教育组织的功能是组织内所有个人功能变化了的一种新质的功能。高等教育组织通过其内在的结构和活动可以产生个人分散活动所不能产生的新结果，仅就培养一个人而言，它是通过许多教师的辛勤教育，通过许多管理者的活动，多个服务人员的努力劳动，学生个人的勤奋学习而实现的。因此，组织力量不是组织内所有个人力量的简单算术和，而是大于这个算术和，是一种具有新质的力量。任何个人，不论是教师、学生，或管理者、被管理者，要想有所作为，必须依靠高等教育组织。实际上，高等教育管理中个人与组织对立的一面是有限的、次要的，它们之间统一的一面才是主要的。高等教育管理中个人与组织之间的统一主要表现在高等教育活动中，高等教育组织中任何个人都无法脱离高等教育组织而存在，教师、学生、管理人员因具有一定的功能而成为高等教育组织中的一员，而这种功能的发挥也有赖于高等教育的组织，没有高等教育组织，这些功能不能得以很好地发挥，也不能把每个人的功能综合为高等教育的整体功能。高等教育组织也离不开个人，个人是构成高等教育组织这一实体的最小单位。高等教育组织中没有教师、学生、管理人员是不可想象的。高等教育每一个组织中的人数有多有少，这与组织的任务有关。人数的多少各有利弊，但更多地取决于管理的水平和性质。高等教育组织中个人利益与组织利益是紧密联系在一起的，利益是标志人的物质和精神需要能否满足及满足程度的范畴，高等教育组织中个人的文化知识层次各不相同，甚至差异较大，既有高层次的知识分子，也有一般的员工，还有即将进入社会的莘莘学子，其需要各不相同，利益也各异，如经济利益、文化利益、政治利益等。利益在高等教育活动中体现着个人和组织同精神文化生产活动的关系、同人才培养活动的关系，但更重要的是体现着在享受这些活动带来的利益时个人同组织之间的关系。高等教育组织利益是组织内全体成员个人利益的升华，它同成员的个人利益是一致的，组织的整体利益来源于成员的个人利益，如果用组织利益与个人利益对立的观念来指导管理活动，必然会挫伤广大教职员工的积极性。这就要求管理者在管理过程中，在维护组织整体利益的同时要保护个人利

益，努力满足个人的正当合理的需要，创造一种积极向上、团结一致、同甘共苦的组织氛围。不同的个人为满足各自的需要而进行协作，在各有差别的个人利益之上，建立起代表成员利益的组织整体利益，于是个人利益同组织利益紧密联系在一起，当整体利益实现的时候，为实现这个整体利益作出贡献的个人利益也得到满足。

总之，在高等教育管理活动中，要兼顾组织利益和个人利益，把两者很好地结合起来，相得益彰，促进高等教育系统的健康发展。

三、稳定与改革

稳定标志着高等教育管理活动的相对常态，是由高等教育系统运行相对稳定性所决定的。高等教育系统的相对稳定性使得高等教育系统在一定程度上依赖于自身的规律，按照其内在的逻辑发展所表现出相对的稳定性。例如，高等教育管理的目标、管理的模式、管理的原则等需要具有相对稳定性，否则，高等教育管理活动就无法正常进行，也无法对管理要素和管理过程进行研究。但高等教育管理活动的相对稳定是有条件的、暂时的。首先，当我们说某些要素处于稳定状态时，只是相对于一定的管理系统和时间、地点、空间而言。例如，在某一高等学校系统中，校长作为一所学校的最高管理者与学校其他被管理者的划分是相对的，这个特定的高等学校子系统进入整个高等教育大系统后，情况就会发生变化。其次，稳定包含着高等教育管理活动中的量变。当高等教育管理过程中某一阶段或某一体制没有发生质变仍保持其自身的性质时，我们说它是相对稳定的。但同时，它们在性质不变的情况下仍有量的变化。例如，计划过程在没有向组织过程发生变化之前，计划过程发生着由目标向预测、决策方面的变化，这种变化并没有改变计划过程的性质，所以是稳定的。在我国高等教育管理体制由高度集中的计划管理体制向以市场为导向的管理体制发生变化之前，虽然其内部也在发生各种变化，但我们仍可以说这种体制是相对稳定的。

改革标志着高等教育管理活动中的质变，其实质可以看作是对未来的反应，它是由高等教育系统的开放性所决定的。高等教育系统的开放性决定了高等教育管理活动要不断地适应外界的变化，包括根据外界环境的变化制定新目标、新政策，转变原有的管理模式和管理体制，赋予过去的教育以新的职能等。例如，随着高等学校职能由教学、科研向社会服务的延伸，高等教育管理的范畴也将延伸。不仅要进行教学、科研管理，还要对高等学校的社会服务活动进行管理，包括对科学技术成果及产品的推广、多种咨询服务及相关产业活动等管理。这就使得管理活动的内容发生了部分质的变化。因为，科技成果推广、产业活动管理，无论在内容上，还是在形式上都与教学截然不同。随着我国经济体制由计划经济体制向社会主义市场经济体制转变，高等教育管理体制也正经历着由高度集中统一的、以行政手段直接干预的管理体制向着统一领导、分级管理、以宏观调控手段间接干预为主的管理体制转变。这是高等教育管理体制为适应经济体制的变化而进行的改革，是高等教育管理体制的一种根本性变化。

在高等教育管理中，稳定和改革是辩证统一的。首先，稳定和改革相互包含、相互渗透。高等教育管理体制的改革标志着管理体制全面的、根本性的变化。在这种变化发生之前，管理活动虽然处于一个相当稳定的状态，但局部的改革总是经常不断的。例如，中华人民共和国成立以来，在实施相对稳定、高度集中统一的高等教育管理体制的过程中，其体制内部的局部性改革一直没有停止过，但所有改革都是偏重于体制自身而进行，并没有冲破这一体制。高等教育管理过程的稳定性标志着人们对高等教育管理活动中计划、组织、协调、控制过程的充分认识和把握，但在任何一个具体的管理过程中，改革也无时不在进行，如调整目标、变化组织、改变领导方式等。同时每一个过程的实施也意味着对其他过程的改革，如控制过程对计划过程的反馈、修改，这实际上也是一种改革。改革本身就是动态管理的基本特征，要根据客观条件的变化，及时改革一切不适应系统发展的弊端。所以，稳定中有改革的因素。此外，改革中也有稳定的因素，改革本身也是一个过程，改革也有一定的步骤和阶段。改革中推行的政策、体制、模式，改革中采取的措施都需要一定的稳定，以便于观察、评价，最终形成新的稳定状态。其次，稳定和改革具有相互转化的趋势。高等教育管理体制的相对稳定，高等教育管理过程的相对稳定，使整个高等教育管理活动在一定时期保持着相对平稳的状态，高等教育系统按其内在发展逻辑运转着，但这并不是说高等教育系统会按照惯性永久地、持续地、自发地运转下去。其实，在这平稳的背后时时孕育着各种各样的矛盾，当这些矛盾积聚到一定的程度时，改革就不可避免地发生了。如果改革冲破了旧的体制，建立起新的体制，发生了质的变革，重新与外界的环境、与高等教育系统发展相适应，从而又进入了一种新的稳定状态。总之，稳定—改革—稳定的转变过程，预示着高等教育管理活动不断由低级向高级发展，保证了高等教育系统的健康运转，如果这种转变过程的结果不是发展，不是前进，那么，这种变革就是错误的，甚至是失败的。

四、社会效益与经济效益

在市场经济体制下，高等教育的经济效益是存在的，是一个不争的客观事实，不能回避，但是，也不能进行强化，要把对经济效益的认识界定在一个比较合适的地位。从高等教育系统内部来看，可以指单位时间内高等教育培养出来的人才的数量和质量与成本（各种资源的消耗）之间的关系；从高等教育系统外部来看，可以指高等教育培养出来的人才为社会经济发展所创造的财富的多少。前者可以通过比较不同高等学校培养同等数量和质量的人才所花费的成本大小来判断其经济效益或者投入与产出的高低；后者可通过高等教育收益率分析来推断高等教育对社会经济发展的贡献。但是，高等教育系统在整个社会系统中主要归结为非物质生产部门，其实，如果过多地强调它的社会物资服务性的话，高等学校组织就不仅仅是非物质生产部门了。然而，如果确立它的物资生产的地位，而其经济效益不如物质生产与流通领域那么明显，因此，可以这样认为，高等教育系统可以产生经济效益，但主要是产生大量的社会效益。

高等教育的社会效益是指高等教育活动对整个社会系统整体的、长期的影响。这种影响既包括对经济发展的影响，也包括对社会政治、文化、科技、人口素质等诸方面发展的影响。因为高等教育是培养高级专门人才的活动，而各种社会活动的主体都是人，受过高等教育的人对社会活动的影响更为巨大而深远。此外，科学技术是生产力发展的决定因素，也是社会发展的关键性因素。高等教育不仅使人掌握更高水平的科学技术，而且要发展科学技术，人与科学技术结合是社会进步的决定性因素之一。同时，高等教育的目的在于使人在认识、改造自然的过程中不断完善人类自身。这些都说明高等教育会产生重要的社会效益。

高等教育的经济效益在一定程度上是可以量化的。研究发现，1929~1957年美国国民收入的年增长率为2.93%，其中，因教育作用而增加的收入的年增长率为0.67%，在国民收入增长率中占23%；同时，因知识进展而增加的收入的年增长率为0.59%，在国民收入增长率中占20%，其中，知识进展的五分之三亦是教育的作用，故教育对国民收入增长率的贡献是35%。再如，美国经济学家舒尔茨运用教育资本储量分析法，探讨了教育对经济发展的影响，发现教育水平的提高对国民经济增长的贡献是33%。这方面的国际研究还存在继续深化的问题。高等教育的社会效益很多方面往往是难以量化的。例如，高级专门人才在为社会创造更多物质财富的同时对社会精神文明发展所做的贡献，对社会政治、法制、民主的完善所做的贡献，科学技术成果，尤其是人文、社会科学领域内成果的社会价值等，这些方面是难以完全量化的。因此，我们既不能用可以量化的高等教育的经济效益来简单地替代整个高等教育的效益，过分强调经济效益，忽视社会效益，也不能以高等教育的社会效益不可量化为理由简单地否定对高等教育经济效益的研究。与其他经济现象比较，经济学对整个工业化的社会效益也不能加以测量，虽然数量化是经济学很重要的部分，但经济学也只是部分数量化的学科。教育亦如此，当然，在程度上两者存在着很大的差异。

在高等教育管理中，社会效益与经济效益是辩证统一的。首先，社会效益包含了经济效益，不能完全脱离经济效益来谈社会效益。高等学校在管理过程中，在资源有限的情况下，要加强成本管理，提高经济效益，从而保证社会效益的更好实现。其次，社会效益与经济效益相互促进。在高等教育管理中，办学效益的提高最终应主要体现在社会效益上，但社会效益与经济效益是相互联系、相互促进的，良好的经济效益是社会效益好的重要指标，也为社会效益的提高提供了保证；而好的社会效益也为经济效益的进一步提高创造了前提。在高等教育管理中，社会效益是一种长期的行为，而经济效益可能更多地表现为短期行为，必须把这种短期行为变为长期行为目标中的一个环节，从提高社会效益这一角度来追求合理的经济效益。

第二章　高等教育管理发展的时代必然性

现代意义的高等教育如果从意大利的波隆尼亚大学创立算起，至今已有 900 多年的历史。我国现代高等教育是以 1895 年北洋学堂（即今天津大学）的创办为肇始，时至今日也已有一百多年的历史。几百年来，高等教育的职能、结构、内容发生了许多变化，每次变化都与社会的政治、经济、文化变化密切相关。处在当今变革时代的大背景下，高等教育从来没有像今天这样受到诸多方面的挑战，在全球化浪潮的冲击下，知识经济的兴起、市场经济的建立、新公共管理运动的实践都使得高等教育正在向更密切的外部联系和更复杂的内部结构的方向演变。高等教育的本质、内容、形式、理念等也在发生深刻的变化。

第一节　全球化的趋势

全球化作为一种现象，是 20 世纪末期以来整个世界范围内发生的一个巨大变化，它对人类社会的许多方面产生深远的影响，受到全世界的普遍关注。全球化最初以世界经济一体化为外在表现和终极目标，随着全球化潮流的推进，它逐步波及思想文化、价值观念、意识形态乃至人的发展等人类社会生活的各个领域，对高等教育产生十分深远的影响，衍生出高等教育全球化的话题。

一、全球化对高等教育的影响

全球化对高等教育及文化等领域的交流与发展也产生深刻影响。各国通过教育的国际交流、教学和科研合作、跨国办学、扩大留学生规模等手段，提高本国高等教育在国际范围内的竞争力，争夺全球范围内的人力资源—20 世纪末 21 世纪初世界各国纷纷调整本国的高等教育发展战略，力争在全球的教育市场中发挥重要作用。

潘懋元先生在论及教育的外部规律时认为，教育一定要适应社会的发展。"适应"有两层意思：一是制约，二是服务。制约因素主要体现在政治、经济和文化三方面，因此我们可以从这三个层面了解全球化对高等教育的影响，在政治层面，全球化对政治的影响明显体现在政治权力的扩散、联合和多层管理等新型国际关系中。第二次世界大战后，在环境保护、经济增长和维护和平等很多方面的问题都超出了任何单个国家力所能及的范围，因而许多国际的和超国家的组织，如联合国、欧盟、绿色环境保护组织、经协组织等相继建立，并对国家内部的传统政治组织构成了挑战。在此背景下，国家的角色和作用正在发生变化，即从游戏的操作者转变为监护者。国家直接介入市场和社会的模式逐渐由向社会和经济发展提供制度保证和宏观调控的新机制所取代，这种角色变化也体现在高等教育中。

从历史上看，国家的一个重要作用是为高等教育制定规范，而相关政策则直接体现了高等教育在国家发展中的优先地位。从 20 世纪 50 年代末到 20 世纪 70 年代初，国家在保持高等教育与社会发展的一致性方面担负着主要责任。到 70 年代之后，除国家的愿望外，社会需求也对高等教育寄予更多期望。在全球化的背景下，国家对高等教育的领导主要应是宏观调控、政策引导。

在经济层面，全球化促进了时间和空间的压缩，进而促进了商品、资本、劳动力、服务和信息的国际化流动，并导致新的劳动力划分、国家与市场之间的权力变化、跨国界的生产系统和激烈的国际竞争。在这种新的经济模式下，经济的网络化、全球化和知识化强烈冲击，并更新了传统的产业结构，导致劳动力结构的重新划分和对劳动者技能的新要求。所有这些，都从社会需求的角度迫使高等教育进行根本的改革。对国家而言，国际经济竞争不能永远依赖廉价劳动力和低成本的制造业，必须同时发展知识含量高、产品附加值高的制造业和服务业。为此，各国在制定政策时都把提高其人力资源的质量摆在重要位置，以期在全球经济竞争中赢得最大利益，因而高等教育已经成为国家经济发展的关键所在。

在新的高知识含量和高附加值生产系统和提高生产力、竞争力渐成主题的经济形势下，一个紧迫的需求就是增加接受高等教育的人数。当然，要提高劳动者的素质，塑造出可自我设计的劳动者，更重要的是学校教育要满足社会对劳动者技能不断提高的要求，包括那些能使年轻人适应不断变更的工作环境的能力、社会交往能力、信息处理能力、团队工作能力以及运用所掌握的知识和信息在不同环境中解决新问题的技能。因此，传统的高等教育和大学学习方式正面临着严峻挑战。大学仍然是教学和学习之地，但是学习本身的概念发生了变化。学习已不仅是获得定义、事实等现成的知识，更主要的是创造知识的过程。鉴于知识正在成指数增长，大学能给予学生最好的教育就是让他们学会学习，包括不断重新定义工作中所需新技能的能力，以及为掌握这些技能寻找和学习相关知识的能力。

经济全球化的另一个结果是制造业从业人数的减少，与信息相关的经理，专业人士和技术人员等从业人员和"白领"阶层的增加，服务业逐渐成为经济结构中的重要组成部分。除数量增长外，服务业的内容也在趋向以客户需要为中心，服务业的工作机构要依照工作任务、客户类型和项目对工作人员进行管理。为此，工作人员必须根据不断变化的工作需求，及时学习新的知识和技术。服务业结构的这种变化将会结束"固定工作"或"长期工作"的观念，因为人们不仅要经常更换工作岗位和工作任务，甚至很可能更换他们的职业。在这样的形势下，就业能力就不仅是找到一份工作的能力，更重要的是维持这份工作，并因需要而随时更换工作的能力，因而终身学习已成为社会的紧迫需要。高等教育不仅要为不同的职业筛选和培养人才，更要为人们今后不断变动的工作或职业打好基础和提供服务。

全球经济竞争从一定程度上制约了国家公用经费支出，为满足日益膨胀的高等教育系统的需要，国家试着去寻找其他的经费来源，而不是一味地增加教育公用经费。相当多的政府在高等教育中引进市场机制并鼓励私立教育发展。另外，政府也尝试用扩大招生和调整院校结构等办法来提高教育资源的使用效率和效益。国家在把更多权力赋予高等院校的同时，也会要求高等院校承担起更多的责任，包括分担教育经费的责任。

在文化层面，电子通信系统营造出全球范围内的虚拟社区。在此基础上，不同社会群体的兴趣、政府的政策、商业的运营策略等能更为便捷地传播，由此导致世界文化的广泛交流和融合。由于国际的共同利益和人类文化的交融性，世界文化正在趋同。为保障全球经济的正常发展，一个和平的政治环境是不可或缺的重要前提，为此，一个国家在保持自身文化本色的同时，理解他国文化和尊重和平就显得尤其重要。高等教育的文化功能之一，就是帮助人们认识不同民族文化的特性和人类文化的共性。全球化在文化领域对高等教育的影响远比其在政治和经济领域的影响复杂，因为世界文化的多样性大大超过了政治和经济模式的纷繁多样性。虽然与政治、经济相比，文化并没有在高等教育发展中起支配性作用，但它渗透到高等教育的方方面面，并且以潜移默化的形式，影响到人们的价值观和意识形态。有学者称，文化传统或促进或阻碍高等教育的发展，取决于高等教育的需求是否与文化传统一致。例如，中国传统文化与高等教育需求有一致的方面，也有不和谐的地方。诸如"有教无类"的教育观，知行统一的教学观以及其他人本思想与高等教育的需求一致，而传统文化中的专制主义和"三纲六纪"以及"天不变，道亦不变"等保守思想与高等教育的需求相悖。这些因子不可避免地导致了中西文化的碰撞。这种交锋利大于弊。真理是在不同思想交锋中确立和发展的。因此，在高等教育中，采取兼容并包、百家争鸣、百花齐放的态度，是回应全球化挑战的必然选择。

全球化是全方位的历史性变革，在政治方面的影响引发了国家、社会和高等教育关系的重新定位，在经济方面的影响进一步表明了市场在高等教育中的价值，在文化方面的影响唤起了公民的自由意识和反思意识，有助于兼容并包的高等教育环境的形成。与此同时，我们也应认识到，虽然多数国家都受到全球化观念的影响，但是由于每个国家的政治体制、经济结构以及文化传统各不相同，因此回应全球化趋势的方式也各有特色。目前还没有任何一种模式的高等教育改革，可以完美地应用在两个以上的不同国家，这也是高等教育研究人员必须认识到的。

第二节　知识经济与市场经济发展的驱动

知识经济的悄然兴起，既是一场巨大的经济转型，更是一场深刻的社会变革，必然对整个人类的价值观念、思维方式、生产方式和生活方式产生重大影响，也必然对高等教育产生全方位的冲击。知识作为高等教育的逻辑起点是联系高等教育与知识经济的纽带。从教育的外部关系规律来看，知识经济引导和推动高等教育的改革与发展，高等教育的改革与发展又促进知识经济的发展，两者存在互动性；从教育的内部关系规律来看，高等教育的育人活动需要知识经济的物质保障，知识经济实现可持续发展需要高等教育育人活动的精神保证，两者存在互补性。

一、知识经济的由来与本质

知识经济这一概念的由来，最早可追溯到 20 世纪 70 年代，当时的美国未来学家阿尔文·托夫勒，曾经在他所著的《第三次浪潮》中提出："农业社会、工业社会至 20 世纪末以后将是后工业经济的社会，即信息社会。"1982 年，奈斯比特在《大趋势》一书中，也提到了"信息经济"这一命题。1990 年，联合国经贸组织进一步提出了"知识经济"的说法。1996 年，世界经合组织在其发表的《以知识为基础的经济》的年度报告中做了明确的界定："知识经济是建立在知识和信息的生产、分配和消费之上的经济。"至此，"知识经济"一词才被广泛应用，并成为全球的焦点话题。归纳起来，"知识经济"有这么几层含义：第一，知识经济以现代科学技术为核心，是建立在知识和信息的生产、存储、扩散和应用之上的经济；第二，知识经济是以知识作为生产力发展的最主要因素的经济；第三，知识经济是以高技术产业为支柱，以智力资源为依托的，兼顾长远利益的可持续发展的经济。这几层含义虽然阐述的角度不同，但它们的本质特征却一致，即都指建立在对智力资源（人才和知识）及其无形资产（信息、技术、发明和创造等）的占有和配置，以及对知识产品的生产、分配和消费基础之上的经济。

首先，知识经济对智力资源及其无形资产的占有和配置，实际上是指对各类人才、知识以及各种信息、技术、发明和创造的拥有和配置，它不同于传统农业和工业经济对稀缺自然资源（土地、石油等）的占有和配置。人才可以通过交换和流动而被企业和单位所拥有；知识和无形资产可通过制成软件、产权转让或复制而被全世界的人同时享用；智力资源以及无形资产的配置，虽仍以市场配置为主体、以市场调控为机制，但它是借助计算机网络和有关媒体来完成的，因此其配置方式表现出更快捷、更有序和更合理的特点。

其次，知识经济对知识产品的生产，既包括对理论类和经验类知识产品的生产，也包括对技术类知识产品的生产。理论类和经验类知识产品，是指能给高科技产业带来经济效益的各种思想、观点、信息、原理、发明和创造等，这些"无形产品"是在高校和科研院所中，通过对各种理论类知识和经验类知识的创新、总结、综合、筛选和加工后最终"生产"出来的，它们虽不以实物形式而存在，但却凝聚了各种活劳动和物化劳动在其中，因此具有特殊的价值和使用价值，此类产品可以不断地再生产和复制；技术类知识产品，主要是指像克隆技术产品、太阳能技术产品、受控热核聚变能技术产品和数码科技等"实物产品"。这些产品在高科技产业中生产，通过把科学知识（或把理论和经验类知识产品）转化为技术和现实生产力并融入实物产品中而得到，此类产品更为轻型、附加价值更大、生产成本更低。

最后，知识经济对知识产品的消费（使用），实际上就是指对以上各类知识产品的消费或使用。关于理论类和经验类知识产品，具有可重复、可复制和可传播的特点，因此对此类产品的使用，在一定时期内会随使用次数的增加而增值，可以不断地再生产和不断地增值，但随着知识老化和更新周期的缩短，对这类知识产品的使用也有时限；而对科技知识产品的使用，较之对传统商品的使用更为质优、耐磨、清洁和方便，它在较长的使用期内，不会因使用次数的增加而消失、转化和折旧。

从以上对知识经济的本质特征的分析来看，它是作为一种崭新的经济形态而呈现在世人面前的，因此其产生、发展和繁荣，终将离不开对知识本身的创新和有效信息的积累与利用，而知识创新又必须以高等教育的发展为依托，两者互相促进，共同发展。

二、知识经济与高等教育的相关性

知识经济是以知识为战略主体的经济，是以信息化、网络化为发展基础的经济，是以创新为内在动力的经济，是以人才为关键要素的经济，是以高科技产业为支柱产业的经济，是以科技园区为新的社会构成要素的经济。这些特征决定了它与教育，尤其是高等教育之间必须具有极为密切的相互信赖、相互促进的关系。高等教育不仅孕育了知识经济，而且成功地推动了知识经济的发展。与此同时，知识经济的发展也进一步推动着高等教育的革新与发展。时代的发展需要创新，知识经济在创新中不断对高等教育提出新要求；高等教育在不断地改革与创新中，适应和促进知识经济的发展，两者正是在这种相互依存、相互促进的过程中，形成一种良性互动关系，共同推动人类社会的进步与经济的繁荣。

（一）知识经济与高等教育的关联性

从高等教育的逻辑起点分析，知识经济与高等教育具有紧密的关联性。首先，知识是高等教育的逻辑起点，这是高等教育与知识经济联系的可能性。任何一门学科都有一个相对独立的逻辑起点，该门学科的内在规律都围绕该逻辑起点运行，诚如经济学以商品为逻辑起点，生物学以细胞为逻辑起点，教育学是以知识为逻辑起点，高等教育学作为高等教育科学的理论形态，同样也有一个逻辑起点，这个逻辑起点不是其他，还是知识，只是这种知识相对于普通教育的基础性知识来说具有专业性。也就是说，这种知识没有本质上的变化，只有程度上的变化，而且，这种程度只是相对的、历史的，不是绝对的、永恒的。例如，原始社会人们的某些言传身教所表达的或许就是高深知识，在物质文明和精神文明高度发达的未来社会，目前的高深学问在那时或许算不上高深知识。

知识是高等教育的逻辑起点，可以从两个方面来说明。从高等学校的教学过程来看，教学过程既是一个认识过程，也是提高受教育者各方面素质的过程。前者表现为教师通过一定的教学手段，将加工整理的教学内容传授给受教育者，这实质上是知识的整理和传播过程；后者表现为受教育者在教师的指导下，将一定的教育内容转化为自身内在素质的过程，这实质上是知识的内化过程。在这两个子过程中，虽然会出现多项任务和多种矛盾，如掌握"双基"、发展智力、培养道德品质、增强社会实践能力等多方面的任务及其相互关系，但其中心问题仍然是知识的选择与传承、知识的领会与掌握。可见，教学过程实质上也是知识的整理、传播和内化的过程。如果说以上从高等学校的教学过程来分析，是从纵截面考察高等教育的逻辑起点，那么从高等学校的社会职能来分析，则是从横断面来考察高等教育的逻辑起点。从高等学校的社会职能来看，高等学校的社会职能主要有三：培养人才、发展科学和直接为社会服务。从培养人才来看，受教育者在受教育前后个体素质有所差别，这种素质的差别正是知识内化的结果。一个人在受教育前，是一个劳动者；受教育后，也是一个劳动者，但两者却有质的不同，前者可能是一个简单劳动者，后者却能成为一个复杂劳动者，实现简单劳动者向复杂劳动者转化的根本原因是，受教育者接受了一定的科学文化知识，并将其内化为自身相对稳定的个体素质。所以，知识是实现人力向人才转变的根源和内在逻辑。发展科学在高校主要体现为科研活动，这本身就是知识的生产活动。从直接为社会服务来看，这种服务不同于其他社会机构提供的简单劳动力或一般的加工制造品的服务，而主要是利用高校的人才优势、智力优势、科研优势为社会直接提供的教学与科研服务，这实质上是知识的传播与应用活动。可见，高等学校的社会职能在本质上表现为知识的生产、传播和应用过程，表现为知识的选择、传承和内化过程。

知识经济针对农业经济和工业经济提出来，其划分标准是依据该种经济形态赖以存在和发展的基本资源与生产要素的结构及其特点。例如，农业经济对土地、劳动力依赖最大，对知识和资本依赖较小；工业经济对土地、劳动力依赖较大，对资本和知识依赖更大；而知识经济对土地和劳动力依赖最小，对资本尤其是知识的依赖更大。从前面的分析可以得知，高等教育活动实质上是一项知识的传播与内化活动，是一项知识的生产、物化与应用活动，知识是高等教育的逻辑起点。

高等教育的逻辑起点是知识，但不是一般的知识，而是高深知识，其中包括高新科技知识，这是高等教育与知识经济联结的必然性。高等教育是建立在普通教育基础之上的专业教育，它所传播的知识是在普通教育传播知识的基础上的再选择、再深入，它所生产的知识是促进现代生产发展的高新技术知识和反映当代学术热点的高深理论知识，它所物化的知识是造就高精尖专门人才的知识和创造面向现代化的科研成果的知识。高等教育的逻辑起点是知识，但不是一般的知识，而是高深的知识，其中最具有时代精神和现实价值的知识是高新科技知识。

知识经济中的"知识"在经济学界虽然没有统一明确的界定，但普遍都默认为高新科技知识，许多关于知识经济的界定都提出了知识经济是一种以高科技为基础、以创新为灵魂的经济。而在教育学界，知识经济中"知识"的含义变得泛化和混沌，往往还成为争论的焦点和研究的重点。确定知识经济中的"知识"到底所指什么知识，可以从两方面来分析。首先，从知识经济提出的历史背景来看，知识经济是在信息技术和高新科技的快速发展对社会产生了重要影响的情况下提出来的。许多人把比尔·盖茨的成功看作知识经济出现的标志，因而它强调的不是知识的经济行为，而是知识的经济作用，即不是从把知识作为商品的角度而提出，而是从知识在生产力发展和经济发展中的作用和地位的角度而提出。其次，从知识经济的对立面或对应方来看，它是针对农业经济和工业经济提出来的。三种经济形态划分的标准是各生产要素和基本资源在经济发展中的构成和作用，知识经济是以知识为最基本的资源和最核心的生产要素的经济，知识成为推动和牵引经济发展的先导力量和决定性因素。也就是说，这种知识不是一般知识，而是能够纳入生产函数，并且作为第一生产函数的知识，是推动生产力发展的最具决定性和关键性作用的知识，因而它同样是强调知识在促进生产力进步和经济发展中的作用和地位。"科学技术是第一生产力"，从这个意义上说，知识经济指向的知识是高新科技知识。可见，知识只是实现高等教育与知识经济联结的可能性，只有高新科技知识，当然也包括现代管理科学知识，才能实现两者内在的、固有的和必然的联系。

在知识经济时代，知识经济和高等教育中的高新科技知识既有共同之处，又有不同之处，但两者是统一的。知识经济中的高新科技知识不是一般的科技知识，而是对现代化大生产起决定性和革命性作用的应用性科技知识。高等教育中的高新科技知识包括对现代生产起决定性和革命性作用的应用性科技知识，也包括不能直接纳入生产函数的基础性高深科技知识。从某种意义上讲，基础性理论与应用性、技术性理论是源与流的关系，高新科技知识的不同理论形态，都属于科技知识的范畴。因此，在知识经济时代，知识经济与高等教育的高新科技知识是统一的。

农业经济时代，大学游离于经济社会之外；工业经济时代，大学处于经济社会的边缘；只有到了知识经济时代，大学才被推向经济社会的中心。知识经济是特定历史时期的一种经济形态，高等教育却在三种不同的经济形态中存在，而且在每一种经济形态社会，尤其是工业经济与知识经济社会中，高等教育提供的科技知识在当时历史条件下都可谓高新科技知识，但是，为何只有在知识经济社会条件下高等教育才成为经济社会的中心呢？这是因为不同的经济形态中高等教育提供的高新科技知识对生产力发展和经济进步的作用和地位不一样。高等学校能否和是否提供一定的高新科技知识，既取决于社会发展的需要，又取决于高等教育的价值取向，但归根结底取决于社会生产力的发展水平。因此，高等教育步入社会的中心不仅需要一定的历史条件，同时也是历史发展使然。在农业经济时代，由于生产力水平低下，人们认识世界和改造世界的能力不高，因而不能超越历史的限制而形成反映客观物质世界的科技思想和成果，即科技知识，高等学校也难以从社会吸纳这些知识，转而成为"专注于探究治世之法和天理人伦之道的象牙塔"。由于社会与高校之间几乎没有科技知识的交流活动，高校也就无法向社会贡献科技成果和科技人才，那时社会的科技创新几乎大都产生于各种物质生产部门，如作坊、厂矿等。工业经济时代，生产力有较大发展，人们认识世界和改造世界的能力有较大提高，形成了许多反映客观物质世界的科技思想和成果，高等学校吸纳这些科技知识转变为教学内容，并内化为学生的个体素质。高校在从社会吸纳一定数量科技知识的基础上，又通过高校和学生的继承和创新，最后以科技知识增量的形式回馈社会，随后又进入下一轮循环。但是，那时科技知识还没有成为推动生产力发展的决定因素，生产力的提高和经济的发展很大程度上还依赖于资本和劳动力，高等学校中各种以知识形态、物化形态或个体素质形态存在的科技知识也就不能成为工业经济发展的核心要素。只有到知识经济时代，生产力获得了空前提高，人们认识世界和改造世界的能力有了空前提高，形成了许多能够决定生产力提高和经济社会发展的科技知识，这些科技知识所蕴藏的生产单位和生产因子是传统生产资料和生产要素的上亿倍、亿万倍，因而成为生产力提高和社会经济发展最重要的资源和最核心的生产要素。高等学校通过吸纳这些高新科技知识，转化为教学内容，内化为学生的个体素质，或者在继承的基础上进行创新，形成物化形态的科技成果进入社会。生产力不是单向地支配高等教育，即高等学校不是单向地从社会吸纳科技知识。高等学校是"思想库""人才库"，它能在吸纳和反映的基础上创造新知识，继而转化为生产力，推动社会发展，这些继承的知识和创造的知识达到一定程度，就会由量变引起质变，从而进一步推动社会的发展。高等学校作为高新科技知识的传播基地、生产基地和孵化基地，成为高新科技知识的"摇篮"，成为知识经济社会的"发动机"，成为知识经济社会的轴心。

（二）知识经济与高等教育的互动性

从教育的外部关系规律分析，知识经济与高等教育具有良好的互动性。

其一，知识经济引导和推动高等教育的改革与发展。知识经济必然要求确立新的教育观，诸如新的教育哲学观、教育功能观、教育本质观、教育产业观、教育发展观等。但是，观念的转变，是建立在人们认识到知识经济对高等教育改革与发展的冲击与促动的基础上。从整体来看，这种冲击和促动主要体现在三个方面。

高等教育外部关系规律显示，高等教育自身的发展需要适应社会，为社会进步和经济发展服务。知识经济本质上要求经济知识化，且指向高新科技知识，这就要求高校必须为经济发展和社会进步提供高新科技知识，要求高校调整教育理念，确立新的教育价值观，培养掌握现代高精尖科学技术的专门人才，以及创造一流的科研成果。新的教育理念和教育价值观要求高校在教育目的、培养目标、课程目标、教学内容、教学方法以及社会服务等方面进行改革，以迎接知识经济的挑战，适应知识经济的发展。

知识经济不仅要求经济的知识化，而且要求知识的经济化，这既是知识经济的内在要求，也是知识经济发展的客观需要。知识经济时代，教育产品的商品性凸显，高等教育的产业化运作，促使高等学校进行管理体制改革与创新，使高校成为讲究成本效益、责权利明晰的知识商品生产部门和法人实体。这就要求人们转变思想观念，明确知识的经济价值和商品特性，明确高校的法人地位和产业属性。

如果说农业经济是手工化时代，工业经济是机械化时代，那么知识经济则是信息化时代。信息化不仅影响教育价值的转变，影响教育管理体制的改革，还会导致教育教学形式的变革。知识经济将大大推动和促进远程教育、网络教育以及多媒体教学的发展，全面改变传统的教师与学生面对面的教学形式和以书本介质为知识载体的传播途径，促进教育技术的革命，推进教育终身化和教育国际化，赋予高等教育理论与实践新的内涵和外延。

其二，高等教育的改革与发展拉动和促进知识经济的发展。高等教育不仅要适应知识经济的发展，还要在适应的基础上拉动和促进知识经济的发展。高等学校促进知识经济的发展，以促进高等教育与知识经济两者联系的纽带——高新科技知识在质和量两个方面的增长来实现。量的增长主要表现为通过培养科技人才来传播高新科技知识，因为掌握一定科技知识专门人才的数量越多，以生产力形态存在的科技知识在社会上的数量就越多，这种人才主要是职业型、应用型及技术型人才；质的增长不仅表现在培养更多富有创新精神和创新能力的高精尖科技专门人才，还表现在创造更多一流的科研成果，这些人才和成果所具备的科技知识都高于社会现有的科技水平，是促进生产力发展最重要的潜在因素，是推动知识经济发展最活跃的因素。这种质的增长实际上也是量的增长，但前者量的增长主要是从知识广度的增长来说，而这里质的增长则是从知识深度的增长来说。高等学校在一定教育理念和教育价值观的指导下，通过改革和调整，培养大批高素质专门人才和创造高水平的科研成果，从高等教育与知识经济的联系来看，也就是创造了更多更好的高新科技知识，进而推动了以高新科技知识为最革命生产要素的知识经济的发展。

高等教育促进知识经济的发展，不仅是通过高等学校的育人职能和科研职能间接实现，而且高等教育活动本身也成为一种经济活动，高等学校也成为一种经济部门，它能够直接实现经济价值，直接促进知识经济发展。高等教育的逻辑起点—知识，本身就成为一种商品。高等教育领域同样存在知识商品的生产、流通、交换和消费四个环节，其中商品生产表现为科学研究或教师的备课，商品消费表现为科研成果的应用与知识内化为学生的素质。由于高新科技知识成为知识经济最重要的资源和生产要素，生产高新科技知识的高等学校也就成为知识经济时代最重要的资源和生产要素的生产部门。可见，知识经济时代，高等教育不仅是一种教育活动，也是一种直接的经济行为，而且成为知识经济发展重要的组成部分。

（三）知识经济与高等教育互补性

从教育的内部关系规律分析，知识经济与高等教育具有高度互补性。高等教育的育人活动对知识经济的物质依赖性。培养人才活动是教育者将一定的知识传授给受教育者的过程，这一过程包括知识的生产、整理、传播及内化等环节，但每个环节都不直接创造物质财富，形成的科技知识也只是以知识或者个体素质等形态存在，它的外显活动表现为消费活动，而不直接表现为经济价值取向的生产活动；而且，这种消费活动对教育者和受教育者双方来说，周期长，智力和体力投入大，是一种成本代价较高的消费活动。所以，这种育人活动必须建立在一定的物质基础上，没有经济保障，这种消费就不能实现，育人活动就无法进行。

知识经济对高等学校培育人才这种高消费活动的经济保障和物质补给，主要从两个方面来实现：一是高校内部的经济收入。高等学校的产品之高新科技知识是高利润商品，因而高等学校能够通过出售科技知识来获取利润，这表现为收取学费、转让科研成果以及创建校办企业等；二是高校外部的经济投入。高等学校作为"社会中心"，高等教育的战略地位以及培育人才的高消费活动，必然引起政府及社会各界对高等教育的高度重视，从而促使政府及社会各界对高等教育加大经济投入力度，这表现为政府拨款、企业资助、社会及个人捐资和投资、银行贷款等。

知识经济的可持续发展对高等教育育人活动的精神依赖性。有一种观点认为，知识经济强调的是普遍提高人的全部精神能力，使理性精神能力与非理性精神能力得以和谐发展。笔者认为，这种观点主观地扩大了知识经济的内涵，把这个从经济学领域引用过来的概念泛化了。从前面的分析可以得知，知识经济的提出是强调知识对生产力和经济发展的作用和贡献，突出高新科技知识的中心地位和经济价值，知识经济实质上是高新科技知识经济。也有人提出，追求经济利益是知识经济的本性。从人类社会发展史来看，由于我们以前过分强调科技的作用和物质的价值，出现了许多严重的社会问题，诸如生态环境恶化等。人既是知识经济社会活动的主体，又是教育的对象；高新科技知识既是知识经济社会的决定性生产要素，又是高等教育的逻辑起点。因而，减少高新科技知识对知识经济的负效应，扩大其正效应，实现知识经济的可持续发展，成为高等教育承担的重要历史使命。

高等教育之所以能减少高新科技知识对知识经济的负面效应，主要在于高等教育的育人功能。虽然高新科技知识本身就包含了一种科学精神，一种追求真理和注重事实的精神品质，一种实现经济社会公平和公正的精神支柱，但高新科技知识如果以物化形态存在，它作为一个非生命体就会失去这种精神，成为任人摆布的工具和手段。因而，人的问题就成为能否实现知识经济可持续发展的根本和关键。高等学校作为人才培养的基地，作为知识的渊薮、科学的殿堂、人才的摇篮和精神的家园，能够实现人在智力因素与非智力因素、科学精神与人文精神、个人信念与社会关怀等方面的和谐统一。它所培养的人才在认识、评价、生产或应用高新科技知识和成果时，能够形成正确的价值判断，综合考虑近期利益与长远利益、局部利益与整体利益、个人利益与社会利益等方面的关系，作出符合人类社会发展的理性选择，实现知识经济的可持续发展。

三、知识经济对我国高等教育的影响

知识经济对我国高等教育的影响与冲击是全方位的，既带来了发展的机遇，也提出了严峻的挑战。知识经济给我国高等教育发展带来的机遇主要表现在五个方面。

第一，知识的经济化与经济的知识化趋势，使高等教育的地位提升。在知识经济中，知识的拥有同社会经济发展及个人财富与地位升迁紧密相关，国力竞争与个人竞争在很大限度上变成知识创新和信息运用的竞争。高等教育已被国家纳入优先发展的战略与现代化建设的整体布局之中，知识因素对国民个人发展的影响日趋明显。有调查显示：知识水平较高的人拥有更多流向职业声望较高的科研、金融与计算机服务等行业的机会；在单位中拥有更多的职务升迁机会。文化程度的差异对收入差距的影响正呈扩大趋势。

第二，大众化与国际化趋势，使高等教育的市场拓展。知识经济激发了社会对知识与人才的需求，加快了高等教育大众化的进程。在我国 2010 年颁布的《国家中长期教育改革和发展规划纲要（2010—2020 年）》中，我国政府又针对高等教育的发展提出。"到 2020 年，基本实现教育现代化，基本形成学习型社会，进入人力资源强国行列……高等教育大众化水平进一步提高，入学率达到 40%。"

第三，高教、科技、经济一体化与学习终身化趋势，使高等教育的功能扩张。这种功能扩张，首先反映在高等教育原有三大功能的扩张：一是时间上的扩展。为适应个体学习终身化的要求，高等教育正在从阶段性教学转向终身性教学，各种类型的成人高校、老年大学蓬勃发展；二是空间上的扩大。为满足日益增长的高等教育需求，高校正在从封闭走向开放，各种形式的校外教学、网络教学、合作办学应运而生；三是内容上的扩充，教学的功能已不仅是知识的储存与传递，而是集创造、加工、处理、传播与应用为一体。科研也不仅注重基础研究，开发研究与应用研究越来越占有更多的比重，不少高校结合科研兴办科技企业，高校社会服务的面越来越宽，包括企业培育服务、科技攻关服务与参与政府咨询决策服务等。不少高校与企业联合建立了一大批技术开发中心、生产力促进中心、产学研合作示范中心。其次，反映在新功能的产生。高校凭借人才资源与科研优势，广泛参与社会经济活动，在多方面都发挥着刺激经济增长、引导文化变迁、扩大国际交往、提升人类文明等功能。

第四，综合化与信息化趋势推动高等教育的改革深化。知识经济是一个高度综合的时代，它表现在知识的形成与发展、信息的加工与传播、新产品的设计与制作、商品的生产与流通等各个方面。这种综合化的特征也反映在对人才的要求和高等教育培养目标的确立上，进而影响到学科结构的调整、专业与课程的设置以及教学方法、考试方法等各个方面的改革。从对我国当前高等教育改革的影响看，必须确立综合化教育思想已渐成共识；"厚基础、宽口径、强技能、善创新"的高素质的复合型人才的培养目标已被广泛接受；按综合化的思想合并学校、调整专业、重组学科、优化培养模式等方面的改革已取得相当的成就。以电脑化、网络化、数字化为主要内容的"信息化"趋势对我国现行的高等教育的影响不仅是教育技术与教育手段的变革，还是从教育观念、教育体制、教育模式到教育管理的全方位的改革。伴随着教育信息化的进程，传统的"传道、授业、解惑"的教育观、"博闻强记"的学习观正发生改变；注重正规的一次性的学校教育制度和强调整体的同步的班级授课模式也将逐步瓦解，取而代之的将是以适应信息化要求的弹性化教育制度与个性化的学习模式。

第五，产业化与社会化趋势使高等教育发展的环境不断优化。为满足强劲的社会需求，近年来，我国迅速调整了高等教育的布局结构、专业结构，扩大了招生规模，提高了办学效益。知识经济的高增值性所积累的巨大财富又可以为高等教育的进一步发展提供坚实的经费保障。再次，反映在高等教育的发展将获得日益广泛的社会支持。随着产业化带来的开放、竞争、质量与效益等观念的增强，以及人们对高等教育社会经济功能认识的深化，人们越来越关注高等教育，尊重知识、尊重人才、支持高等教育的社会氛围将进一步形成。这一切都可以为高等教育发展创造良好的物质环境与精神环境。

与此同时，知识经济也对我国高等教育发展提出了一系列挑战，这主要也表现为五个方面：

一是国际竞争加剧对高等教育培养目标的挑战。知识经济与高新技术的发展对人才素质的要求越来越高，高素质的人才已成为新的国际竞争的关键因素。这就对传统的高等教育培养目标及培养方式提出了严峻的挑战。

二是知识高度综合对高等教育人才培养模式的挑战。高度综合的知识经济社会最需要的是具有广博知识和综合能力的通才。国外的研究发现：

有成就的科学家多是靠博才取胜；当今诺贝尔奖的获得者中，有不少既是某门学科的"专才"，又是善于进行综合性研究的"通才"，这对我国长期以来注重专才培养的教育模式提出了挑战。人才培养模式由培养目标、专业设置、教育方式、学习方式与评价方式等要素构成。我国传统的人才培养模式的特点可概括为五个字：一是"专"，即强调按统一的计划与要求培养人才，培养目标过专；二是"窄"，即专业划分过细，专业口径过窄；三是"灌"，即教学重灌输，轻启发；四是"死"，重记忆，轻思考，学习方式过死；五是"偏"，即评价指标片面，评价方法单一，评价结果偏颇。这种模式培养出来的学生在计划经济体制下容易对口安排，但综合素质较差，适应面较窄，创新能力较低。在知识经济时代，这种人显然不能适应。

三是功能迅速扩张对高等教育体制的挑战。知识经济条件下的高等教育承担着时代赋予的多种社会功能，高等教育能否实现这些功能，关键在从事高等教育活动的主体——人的积极性、主动性与创造性地发挥，而人的主体性的调动又取决于制度和体制。近年来，我国在高等教育体制方面的改革已取得重大进展，但面对知识经济的挑战，仍然存在着许多不相适应和阻滞功能实现的缺陷。仅就校内管理体制而言：从人事制度看，仍带有一定的"管、卡、压"特征。例如，在管理上重管"人"、轻管"事"，在职称评定上重指标、轻条件，在职务聘任上重任命、轻竞争。在人才流动上重安排、轻自愿，忽略了人的主体性。从分配制度看，在很多方面仍反映出重身份、重资历的色彩，离知识、技术、管理等生产要素和按贡献进行分配的要求还有较大距离，影响人的积极性；从教学科研的评价制度看，既缺乏分类型、分层次、合理的评价指标体系，也缺乏科学的评价方法，更缺乏健全的评价组织，不能激励教师积极开展教学与科研，压抑了人的创造性。

四是网络自由传输对高校德育的挑战。教育是培养人的活动。高校德育既是高等教育的重要组成部分，也是培养有理想、有道德、有文化、有纪律的一代新人的重要手段。知识经济时代，网络传输的自由度大大加强，

这有利于信息资源共享，有利于加速国际合作与交流的进程；同时也对高校德育提出了挑战。随着网络的发展，各种思想文化的交融、碰撞将愈来愈激烈，西方的文化，包括影视、音乐、书刊等将大量进入我国高校，各种意识形态和生活方式必将对大学生的价值观念、思维方式产生极大影响，有可能造成观念的冲突与思想的腐蚀。知识经济条件下高校德育

工作将愈来愈重要，也将愈来愈复杂。

五是教育资源共享对高等教育市场的挑战。这种"共享"既有利于我们引入优质的教育资源，以提高教学质量，也有利于拓宽生源市场，以提高办学效益。但"共享"带来的挑战也是严峻的。首先是高校人才资源的争夺已成为不争的事实。一位西方学者曾直言不讳地讲："欧美要保持科技竞争实力，非常需要中国的人才。"许多发达国家通过制定一系列优惠政策来争夺全世界的尖子人才，而中国被他们视为抢挖人才的宝库。高校教师资源是人才争夺的重要内容。其次是学生资源的争夺。当今，欧美许多国家的高校自然科学专业的本土招生出现迅速下滑趋势，研究生生源更是严重短缺，这些国家正把生源市场的目标转向中国。近年来，我国生源流失已相当严重，而且正在出现由研究生层次向本科生层次、由高龄向低龄、由小批量向大批量发展的趋势。可以预料，21 世纪的高校生源争夺将会更加激烈。

第三节　新公共管理体制的冲击

市场经济与高等教育之间是相互渗透、相互作用，市场经济制约着高等教育，高等教育服务于市场经济，二者表现为相互供需的关系。高等教育的发展规律必须适应市场经济的客观规律，高等教育的体制改革也必须应对市场经济体制的挑战。

一、市场经济对高等教育的影响

经济基础决定上层建筑，高等教育作为上层建筑的重要组成部分，受一定社会的经济、政治、文化所制约，并为一定社会的经济、政治、文化服务。因此，市场经济对高等教育的影响具有客观的必然性，在我国社会主义经济由计划经济体制转向市场经济体制之后，高等教育要想独立于市场经济之外不可能，必然受到某些冲击与影响。

市场经济的大潮冲破高等教育原有的运行机制，给高等教育带来有力的动力机制，驱动高等教育加快改革步伐。这是市场经济给高等教育带来长期效应的集中表现，也是市场经济对高等教育影响的本质所在。

市场经济对高等教育的积极影响主要表现为：第一，市场经济的健康发展为高等教育的良好发展创造良好的社会环境。市场经济的健康发展，社会生产力的提高，综合国力的提升、人民生活水平的提高，为高等教育的发展提供良好的外部环境。同时，市场经济中多种所有制形式的存在，将进一步促进形成多种形式发展高等教育的新局面，适应人们接受高等教育的需要，形成国家办高等教育与社会、个人办高等教育并举的格局。第二，市场经济的发展为高等教育改革注入新的活力。随着市场经济的发展，我国经济建设的速度和社会各项事业的发展速度加快，社会各方面对高层次专门人才的需求急速增加。随着人们生活水平的提高，对接受高等教育的需求也相应提高，这为高等教育的改革与发展注入新的活力。第三，市场经济的发展促进高等教育观念的不断变化，引起了高等教育领域内部的深刻变革。市场体制要求的开放意识、创新意识、竞争意识、信息观念、时间观念、效益观念等必然会渗透到高等教育的思想观念之中。高校管理体制到办学机制，从招生到就业制度，从教育结构到教学内容，从投资结构到自主办学以及教育的其他方面，都发生了新的变化。第四，市场经济的发展将为高等教育提供广阔的社会实践领域．市场经济体制有利于高校教育根据市场需求确立人才培养目标，调整专业设置、改革教学方法；有利于在高等学校内部建立起提倡竞争、讲究效率的机制，调动起广大教师的积极性，促使教师主动地探索新的教学过程；有利于高等院校面向社会，缩短知识转化为生产力的周期，促进科研成果的转化。

从长远看，市场经济为高等教育的改革和发展带来活力。但市场经济的天然性的弊端——本位性、盲目性、自发性，也对高等教育不可避免产生一定负面的影响。市场经济的自发性容易导致教育目的的模糊，其多变性容易导致教育规律难以遵循，其开放性使得师资队伍不稳定，其本位性容易导致教育价值取向的偏颇，其功利性致使教育主体行为扭曲，其短期性使得教育功能萎缩等。当前高等教育中出现的重科研，轻教学；重应用开发研究，轻基础理论研究；重有偿服务，轻无偿服务；教师重第二职业，轻本职工作；学生重外语和计算机，轻系统知识的学习等都折射出这种影响。

市场经济已成为我国经济发展的主旋律，高等教育作为社会的一个有机体不可能摆脱或躲避市场经济的冲击，市场经济对高等教育的影响是一种客观存在，其中既有积极的正面影响，也有消极的负面影响。高等教育要积极主动地适应市场经济，借助建立市场经济体制产生的推动力，抓住机遇，促进高等教育的改革和发展，积极应对市场经济对高等教育的挑战。

二、市场经济对高等教育的调节

在市场经济条件下，大学身不由己地卷入了市场，不可避免地要受到市场的调节和支配。市场对高等教育的调节有许多优点：

首先，通过发挥市场的调节作用，高校对外界社会的需求反应和适应变得更加敏感、快捷，有利于高校自主招生和合理设置专业。威廉斯评论道：市场模式的主要优点是它可以不断地刺激学院和大学，使其适应不断变化的经济和社会状况。高等教育的市场调节主要是通过高校对消费者需求变化、劳动力市场需求变化和社会对知识产品的需求状况的反应表现出来。当市场上某一专业的人才需求发生变化时，高校和消费者便会根据这种供求变化信号，按照自身的经济利益，及时调节自身活动，以在市场竞争中求得生存和发展。就消费者而言，他选择进入什么学校、选学什么专业，反映了目前和未来劳动力市场对某一方面人才供求状况；也反映了目前高校市场的价格（收费水平）、竞争（入学选择）。就高校而言，它对市场的反应，主要通过消费者需求变化、劳动力市场变化来实现。消费者市场供不应求时，高校便以各种方式争夺生源；劳动力市场某些专业人才供过于求、某些专业人才则供不应求时，高校便立即调整专业和教学方式，增设培养社会紧需人才的专业，缩减或取消个别专业培养计划，以适应市场的变化。

其次，市场的积极调节作用有利于高校合理定位，办出特色，办出水平。格拉夫在谈论美国高等教育时认为："在美国这种系统中，消费者的需求起着重要作用，消费者掌握着平衡杠杆，而计划者却没有：消费者不仅可以选择进入哪所院校，而且可以随意退出，从一所院校转入另一所院校。由于存在着如此广泛的入学选择权和以后的退学权、转学权，因此各学院和大学的生存或者依赖于满足用户的需要，或者依赖于以自己大学的优秀质量来吸引用户。只有形成自己学校的特色才能吸引用户，雷同则不能。既然如此，许多院校都努力建立自己的特色，而不是被动地接受统一的模式。"在强大的市场作用面前，高等学校不得不力图办出自己的特色，力争做到"人无我有、人有我优"，以与众不同的服务内容和方式，确保自身在市场竞争中立于不败之地。

再次，市场的调节作用有利于高校建立市场主体意识，发挥自身的主观能动性。在市场经济条件下，任何一个经营主体都面临着盈利、亏损、破产的可能性，都必须承担相应的利益风险。风险机制以利益的动力和破产的压力作用于商品经营单位，使得每个经营者时时刻刻关心生产经营情况，从而督促和鞭策他们奋发努力，变革更新，不断进取。高校虽然不同于企业具有经营性、但同样受市场竞争机制的影响。因循守旧、故步自封、一成不变，会导致其在激烈的竞争中被淘汰。只有改革创新、因势思变，才能取胜于市场。

可见，市场对高等教育的教育观念、办学体制、管理方式、教学方式、招生与就业制度以及人才培养模式等各方面产生了重要影响，给高等教育的改革和发展带来生机与活力，促使高等教育必须改革体制，调整结构，提高质量和效益，并且从社会和经济发展的需要着眼，从实际出发，着力办出高校自己的特色。因此，高等学校要遵循市场经济规律，引进市场机制，面对市场自我调节，以适应市场经济对高等教育提出的新要求。

三、市场经济对高等教育管理体制改革的要求

社会主义市场经济的完善和发展，对高校管理体制的改革提出了新的要求。一是高等教育要面向市场需求培养人才。市场经济的发展需要对人才素质的要求更加全面，既需要有文化、懂技术、业务熟练的劳动者，也需要具有现代科学技术和经营管理知识的管理人员；既需要能够适应现代科学文化发展和新技术革命要求的高级专业技术人员，也需要品德好、能力强、业务精的综合性人才。教育管理体制改革就是要从体制上促使人们转变教育观念，树立正确的人才观和教育观，适应市场经济对人才的要求，培养满足市场需求的人才。这就要求高等教育体制改革要与经济体制相适应，树立教育为经济建设服务的观念，克服狭隘的为教育而教育的旧观念，同时还要树立大教育观念，即树立全时空的教育观。在空间上，放眼未来，要把学校教育与家庭教育、社会教育结合为一体，打破封闭式的围墙里的教育，把教育和社会联系起来，放眼社会，放眼世界。在时间上，要把就业前教育和就业后教育结合起来，把学校教育纳入终身教育体系中去考虑。学校的就业前教育不仅要考虑学生将来从事什么职业，而且要使他们具有终身学习的能力，以便能够根据科技发展、生产变革以及市场的变化随时参加学习。

二是高等教育要调整培养目标，改革教育内容和方法。市场经济的主要特点是开放性、竞争性、创新性、法治性。为适应这些特点，就要求教育培养的人才具有宽广的知识视野，善于捕捉信息；有果断的决策能

力，敢想敢干，勇于创新；有经济头脑，注重经济效益，讲究工作效率；有较强的法治观念，善于处理人际关系等。为此，在培养目标上要克服单纯追求应试升学的观念，注重学生基本素质的提高。在市场经济的条件下，仍然要坚持社会主义教育方针，培养学生在德智体诸方面都得到发展。特别要加强思想道德教育，提倡敬业精神；要教育学生坚持真理和正义，反对虚伪和邪恶。在教育内容上要改革，要加强科技教育，增加发展社会主义市场经济所需要的内容；特别是高等学校和职业技术学校要根据市场经济发展的需要，根据当地的条件调整专业设置、课程内容。在教育方法上，要改变只为应付升学考试的呆板死记的做法，注意减轻学生的课业负担，使学生生动活泼主动地发展。

三是建立适应社会主义市场经济的教育体制。教育体制改革的目标是加强院系的决策权和办学的自主权，使院系和一线工作的教师能够参与决策，根据市场的需求调整教育结构，调整专业设置、课程计划和培养方式；能够根据自己的条件和院系的优势办出自己的特色；能够参与科技市场竞争，把院系的教学与科研、生产联系起来，利用学校科技优势，创造新的科研成果，并迅速转化为现实生产力，从而促进社会主义经济的发展。

四是面向市场经济，建立有中国特色的现代大学制度。随着经济体制改革的深入，传统的大学制度愈来愈不适应经济体制改革的要求，建立与社会主义市场经济体制相适应的具有中国特色现代大学制度，成为我国高等学校管理体制改革的目标。现代大学制度应与社会主义市场经济体制相适应，符合高等教育的规律，管理体制与运行机制相统一。建立现代大学制度的核心，就是为了有效地配置教育教学资源。实现这一目的最有效的方式，就是在现代大学制度的建设中，引进市场体制和运行机制，增强大学制度对市场的适应能力。

市场经济已成为我国经济发展的主旋律，高等教育作为社会的一个有机体不可能摆脱或躲避市场经济的冲击。建立与社会主义市场经济体制相适应的高等教育管理体制是市场经济发展对高等教育的必然要求。

第三章　高等教育管理改革与发展

近 10 年来，我国高等教育规模、结构、质量和效益均获得跨越式发展和提高，高等教育管理体制改革不断深化，已形成中央和地方政府两级管理、以地方政府为主的新体制。但是，由于传统管理观念的制约和计划经济体制的惯性，新的管理体制并没有获得广泛的社会认同。相反，大学对社会与政府的依赖有加强的趋势，**科层管理**和行政控制仍是高等教育管理的主要方式。

第一节　高等教育管理改革理论与观念创新

一、我国高等教育管理体制创新需要理念先行

高等教育管理体制改革既是我国政治体制改革的延续，也是我国高等教育不断发展的结果。《中华人民共和国高等教育法》第一章第七条明确规定："国家按照社会主义现代化建设和发展社会主义市场经济的需要，根据不同类型、不同层次高等学校的实际，推进高等教育体制改革和高等教育教学改革，优化高等教育结构和资源配置，提高高等教育的质量和效益。"据此，高等教育管理体制改革总的趋势是：由政府集权管理向宏观调控和扩大高校办学自主权的方向转变，由行政控制和垂直管理方式为主转向引入市场机制和间接指导为主。比如由条块分割向条块结合管理体制的转变、教育评估机制的建立等，都是高等教育管理体制改革的有益实践和必经环节。

然而，高等教育管理体制改革并不会一蹴而就，既需要制度创新的引领，更需要实践推动，是一个权利、利益调整和需要付出改革成本的艰难过程。在我国高等教育管理系统的改革进程中，政府教育行政部门处于强势，管理方式以行政控制和计划指令为主，对高等学校的干预依然过多。现行的高等教育体制下，政府仍然掌握着太多的高等教育资源，并通过行政审批和行政许可控制办学资源，对大学起着强有力的导向作用。结果

是，高校缺乏改革的主动性，只是盲目按政府的要求进行管理改革。为了获得更多的社会资源和政府的重点支持，不顾自身实际和办学层次定位，致力于规模扩大和升格，将完成政府制定的目标作为学校发展的基本工作方针。由于政府没有真正简政放权，加上高校缺乏自主管理的积极性，管理体制改革并没有实质性的推进，高等教育系统仍然是整齐划一的大一统管理，高校内部管理也趋于标准化，缺乏不同层次和类型学校的个性。由此看来，高等教育管理改革不仅仅是制度设计的事情，也不是政府教育行政部门的一厢情愿，观念滞后直接制约着管理制度改革的进程。管理改革实践已对管理理念提出创新的要求，理念创新成为管理体制改革的先导。

（一）准确认识高等教育事业和高等学校的性质

高等教育属于文化领域，高等教育的发展必然不同于政治和经济事业，有其自身发展的逻辑和运行规律，所以，不能用管理政治和经济的体制和办法管理高等教育。高校作为实施高等教育的机构，摆脱不掉社会政治经济的影响。随着社会主义市场经济逐步完善，高校的投资主体开始多元化，多渠道筹措资金成为高校获得资源的必然选择，利益主体的多元化必然要求权利的合理分配，计划经济体制下形成的管理方式面临挑战。为适应新的管理体制和高等教育发展的要求，我们首先要准确认识高等教育事业和高等学校的性质，新的管理体制改革必须有利于高等教育事业和高校的健康发展。

现代大学制度关系到大学在国家制度体系中的地位，关系到大学服务于社会和满足国家需要的方式，也关系到学术权力与行政权力的关系，以及大学内部管理体制和机制的转变，是高等教育管理改革的基础工程。从大学发展来看，要把大学作为学术组织来建设和管理，促使大学以培养人才和发展学术的方式服务国家，满足社会需要，是我们建立现代大学制度的根本点。现代大学制度是高等教育管理的基本规范，有利于调节大学内外部的各种关系，也从制度上保证了高等教育和高校的组织属性。

（二）用现代管理科学创新传统的管理观念

在洋务运动中诞生的中国现代大学，由于担负着抵御外侮、富国强兵和民族振兴等重大社会使命，被置于政府的严格控制下，具有强烈的政治意义和国家主义特征。加上高度集权的管理文化根深蒂固，高等教育领域"官本位"的只有责任和义务，缺乏自身的利益诉求和表达机制，自然，高校也缺乏改革的积极性和自主办学的热情。

为适应高等教育规模日益扩大和高校巨型化的趋势，政府干预和高校内部的行政权力运行都是必需的，有利于提高资源使用效率。但政府干预和行政权力必须有一定的限度。以现代管理科学和组织理论为指导，有利于克服传统管理观念的制约，有效改变政府的管理行为和高校的办学实践，以先进的办学理念保障高校的办学自主权，增强办学活力。高等教育管理理念既是高等教育管理实践的总结和概括，又对高等教育管理实践起着指导和引领作用。由于高等教育管理涉及很多方面，既有国家层面的关于大学的制度安排和管理体制，涉及大学与政府的关系、大学与社会的关系、大学与大学的关系等；又有大学自身层面的内部制度设计和管理方法选择，主要表现为大学的内部治理结构。

第二节　高等教育管理改革与发展趋势

高等教育管理改革是大势所趋。按照高等教育发展的一般规律，它的改革是与国家的政治、经济、文化有着必然的联系的。从高等教育管理状况来看，中国的高等教育与整个社会的发展基本上是相适应的，同时，目前的政治、经济、文化的发展对中国高等教育又提出了新的任务和要求，特别是经济的发展、科学技术的创新、文化的创新等对各级各类高级专门人才的需求，在高等教育发展的开放度上、在管理的思想和体制上、在管理的模式与方法上等都要进行一些变革。只有在思想上、观念上认清高等教育改革和发展的方向，对高等教育发展趋势的准确把握，我们才能够运用先进的管理方法和技术来管理高等教育。

一、高等教育对外开放度更高

中国高等教育发展得益于改革开放，没有开放就没有今天的中国高等教育发展的成果。开放才能看到中国高等教育发展的差距，开放才会引入国外的一些先进的高等教育的管理理念，引进先进的管理技术与方法，开放才有对外开展高等教育管理信息交流的机会。因此，开放至少对中国的高等教育管理起到了三个方面的促进作用。

1. 促进了管理思想观念的转变

通过考察国外高等教育，加深了我们对依法治校、教授治校、教育评价、以人为本、科技创新、服务社会等思想观念的理解，把一些先进的教育思想融入管理中，促进了高等教育管理观念的转变。

2. 促进了高等·教育管理法制体系的建立和完善

打开国门，我们看到了发达国家完善的高等教育管理的法制体系，这种体系有效地保证了高等教育科学、规范、有序、稳步地发展。

3. 促进了高等教育管理的功能更加明确和完善

传统的计划经济体制下的高等教育功能是单一的，一定程度上可以说是为国家服务的工具，基本上没有自主性的功能，没有社会化的功能。经过了转变教育思想、教育观念的大讨论，经过了对高等教育性质的广泛深入地研究，高等教育的功能越来越明确，越来越完善，越来越符合社会主义市场经济的规律。

中国的高等教育逐步走向国际化，高等教育的开放程度必将更高。要建设国际上一流的高等教育，要建设国际上一流的大学，没有国际的交流与比较，不知道我们自己的优势也不知道我们自己的弱势，发展就缺乏目标。一个国家高等教育的水平，从某个角度来讲，反映了这个国家现代化的水平，没有高等教育的现代化，没有高等教育的国际化竞争，没有一大批高水平的国际一流的大学，没有一个整体高水平的、现代化的高等教育，谈国际化竞争便是一句空话。

高等教育更加开放应该是思想的更加开放，没有思想的开放，即使国门打开，也不一定能够借鉴先进的国外高等教育的管理方法。我们必须思考为什么要开放的问题，道理其实也并不是很复杂，整个国家都开放了，经济也在融入全球化的大潮中，高等教育的开放是必然的，高等教育随着国家经济的全球化战略将越来越开放也是必然的。因此，首先要解决的是思想更加开放的问题，思想认识问题不解决，不能从根本上认识开放对于高等教育管理带来的影响，就不能从根本上理解高等教育的质量与科学研究的水平必须保证国家参与国际竞争的意义。

高等教育的国际化战略是一种发展趋势，但是绝不是全盘国际化，高等教育的开放应该建立在正确的需求上，应该符合中国的实际，这并不是矛盾的。欲速则不达，在条件不具备的情况下，没有实事求是的观念，反而会适得其反。这是一个实事求是的辩证的问题。我们讲高等教育国际化战略是指我们的高等教育参与国际化竞争，在竞争中不断提高我们高等教育的整体水平，也就是在竞争中学习、在竞争中提高的同时，也在竞争中发扬我们的优良传统，在竞争中推出我国高等教育的先进部分，形成中国高等教育管理的特色，让中国的高等教育走向世界，也让中国的高等教育影响世界。

二、对高等教育管理者的要求更高

（一）高等教育管理的专业化

大学管理专家 E. 阿什比曾说过，成功地管理专家的技巧并没有井井有条地安排于教材之中，管理是一种未加工好的艺术。因此，学习管理的唯一有效的方法就是在管理的过程中进行管理的研究与有效实践。这就意味着，管理必须像绘画、雕刻那样具备一种后天形成的天才。我们认为，具有先天管理才能固然值得庆幸，但在社会政治、经济、文化飞速发展的时代，管理人员的新鲜血液不断增加，新的管理人员大量替代老的管理人员，再加上现代高等教育组织的变化很快，复杂程度越来越高，已经使任何一个想有所作为的高等教育管理人员都必须接受管理本部门相应水平的专门知识的训练，提高技能，以便在纷繁的高等教育组织中恰如其分地利用和发挥其管理的天才。具体而言，高等教育管理专业化的要求基于以下方面。

1. 现代高等教育管理专业的思想与方法的要求

现代高等教育的管理者必须要懂得，自己所从事的职业的专业性及其特点，因为现代高等教育管理的专业化水平要求已经越来越高了，不论是管理的知识还是管理的技术方法，要求管理者具有很强的现代教育家的专业管理理论，发现问题的敏锐管理眼光，研究事物的哲学家的管理思想，高效的企业家的管理能力。现代社会知识、技术（其中包括与管理有关的知识、技术）的迅速发展为高等教育管理的专业化创造了条件，高等学校对管理工作者的选择余地很大，这就需要高等学校的管理者通过专业的学习和实践体现自己的专业能力和价值。

2. 高等教育资源的专业性越来越高

高等教育资源的专业性对高等教育管理者专业的要求必定越来越高。从资源的硬件来看，随着国家社会经济的发展，政府及社会各方对高等教育的投入也越来越大，高等教育的资源更加丰富，高等教育资源的知识性、技术性也越来越高，高等教育资源的专业性也越来越强，这些资源的各种元素组合成为一个复杂的专业管理的硬件系统，对高等教育管理者的专业知识及专业技术的要求越来越高。从软件方面来看，高等教育管理中最重要的资源是人力资源，随着改革开放的深入，高等学校的师资队伍发生着很大的变化，特别是具有越来越多留学背景的人员加入教师队伍中，他们带来了国外的一些先进的管理思想和理念、先进的教育思想和方法，使教师及管理队伍的人力资源更加丰富。同时，高等教育的辅助人员、管理人员的学历层次、知识结构也在发生重大的变化，管理队伍资源本身在优化，专业性越来越高。因此，无论是管理资源的硬件还是软件，资源的专业性越来越高是一种趋势。

3. 社会多元系统对高等教育管理的影响

社会多元环境的复杂性要求高等教育管理者具有多维的专业管理视野。高等教育走出象牙之塔的过程也是其受社会多元程度不断发展影响的过程。这首先表现在高等教育必须对个人、家长、政府部门、企业及政治家提出的不同期望和要求作出不同的回答和反应。其次，高等教育系统的结构、运作方式、管理条件正经受社会其他系统的环境影响。不难发现，高等教育不仅要借用一般的管理理论与方法解决自身的问题，还要运用高等教育管理的专业原理、规则去解决相关的社会与学校发生关联的问题。随着改革开放的程度不断提高，这种多元不仅仅是局限于一个国家、一个地区，而是一种全球化视野的多元。因此，现代高等教育管理者要具备这种社会多元视野的专业思想和管理能力。

（二）高等教育管理者的高学历要求

前面我们提到过，高等教育管理的专业要求越来越高，因此，毫无疑问，虽然我们重视学历而不唯学历，但是，高等教育管理者的高学历化是一种发展趋势。现实的状况如此，无论宏观的高等教育管理者还是微观的高等教育管理者，低学历层次的管理者正在被高学历层次的管理者逐步代替。目前，各级高等教育行政管理部门的领导者一般都具有较高学历和较高级技术职称，不断补充着的年轻的、具有研究生学历的管理者愈来愈受到这些部门的欢迎。目前高等学校的党政主要领导，特别是校一级领导，大都由具有高级技术职称、较高学历学位、具有一定的国际留学和出国学习背景者担任。这里强调学历，不是唯学历主义，而是要求高等教育管理者在高等教育管理方面具有真才实学，学历要求意味着需要有与时代发展相适应的高等教育管理者，具有较新、更高的综合知识，较强的专业能力，辩证地和系统思维的能力，科学决策的能力。近年来，不少重点高等学校启用在国内外获得博士学位的高层次人才担任校级和二级部门重要的领导职务，充分发挥他们对国际高等教育最新发展前沿动态学习和理解的优势，应用先进的管理思想、管理技术和方法推进学校的工作向前发展。事实上，出现管理者高学历化有以下一些因素。

1. 管理对象与要求的提高

1982 年，我国颁布了全国人民代表大会通过的第一个教育法规《中华人民共和国研究生学位条例》，在此后的十几年中培养了许多硕士研究生和部分博士研究生。与此同时，为数众多的国家派遣的或自费留学的学生在国外攻读研究生学位，这些高学历的人员充实到大学教师队伍形成了管理对象的高学历化。如果我们的管理者在学历层次上与他们差距太大，就会缺乏共同的语言，在管理上出现交流的障碍，因此，管理队伍的高学历化是高等教育管理发展得很重要的趋势之一，整个高等教育管理队伍在学历层次的结构上发生变化已经成为必然。近年来，国家和高等教育组织也很重视这方面的问题，采取了多种途径提高管理者的学历层次。同时，国家高等教育专业研究生教育发展很快，具有多种研究生层次的大学毕业生进入社会谋职，这些都为高等教育的行政领导部门和高等学校聘用具有研究生学位的管理者创造了基本的选聘条件。

2. 领导干部的素质要求

教师队伍中特别是年轻教师中具有研究生学位的比例越来越高，要管理好这支高学历的教师队伍，势必对领导干部提出更高要求。正如著名管理学专家哈罗德·孔茨所说，没有高级管理人员迅速、灵活、不墨守成规并有条理地管理就不可能进行有效的管理。因此，他认为，接受过良好教育的人要比受较少教育的人更可能提升到各级领导岗位上去。我国高等学校主要在 20 世纪 80 年代后期，尤其是 20 世纪 90 年代以来，更注意选拔具有研究生学位的德才兼备的人到各级领导岗位，他们更了解教师队伍中众多教师的需要、心理特征、业务素质、思想品德，工作起来得心应手。

3. 开展国际合作与交流的需要

改革开放以来，许多高等学校开展了广泛的国际交流合作，重点高等学校往往都与国外几十所高等学校建立合作关系。一些著名的国外高等学校的高中层管理者都具有博士学位，学历层次与管理水平较高。如果我国高等学校的高、中层管理者也具有相同的条件，必将大大增加交流的能力，推动学校与国外的学术交流，扩大合作规模和领域，提高学校在全球的知名度。

4. 普通管理者自身的需要

我国实际上是比较注重个人学历的国家。在企事业单位招聘管理人员时都注明要求什么样的学历，工作条件好、职务较高的岗位都要求应聘者具有较高的学历。高等学校是文化教育层次较高的社会系统，在这样系统里的管理职务要求有较高的学历，学历往往与工作岗位的安排、职务的提升密切相关，同个人的社会地位、工资福利紧密联系。在社会主义市场经济条件下，好的工作岗位竞争加剧了，我国高等学校选拔管理者的竞争将会随着市场经济的深入、高等教育办学条件的改善和管理者社会地位的提高而趋于加剧。面对竞争，高等学校管理者不得不接受与岗位相适应的高等教育管理知识与能力的培训，提高自己的学历层次和专业管理能力。

我们要处理好高等教育管理者的学历层次与高等教育管理专业化的关系。管理者要有较高的学历，更要有较高的管理专业化水平。有的高等学校使用刚回国的年轻博士或国内刚毕业的硕士博士进入校级和中层管理的领导岗位，而实际结果是有些往往以失败的结果而告终。因为这些人虽然有比较高的学历层次，又有高水平的其他方面的专业知识，但是缺乏高等教育管理的专业知识和实践能力。因此，在选拔管理者时应注意正确处理学历与管理专业的关系问题，不要偏废某一方面。在选拔年轻的、高学历层次的高等教育管理人员，特别是领导干部时，要从实际出发，除了考虑自身的条件外，如果合适，必须先进行高等教育管理专业的理论培训学习，从低层的管理岗位和工作锻炼开始，先熟悉情况，取得经验，为以后担任高一级的管理者打好基础。另外，从优秀的普通管理者中选择优秀人员脱产进修学习，通过培养后视其情况进行提升也不失为一种好的方法。

三、高等教育管理战略与规划的柔性

高等教育管理战略与规划的柔性是在最近几年发生的变化之一，这是市场经济发展的结果。一直以来，我国高等教育的战略规划过于系统和刚性，特别是在长期的计划经济影响下，比较注重短期的规划，过于系统、详细，但政府教育行政管理部门出台的系统、详细的宏观规划往往在实施中与结果形成很大的差距。通过多年的实践，对高等教育的战略规划进行了重大改革，特别是国家和地方政府在"十一五"高等教育改革与发展战略规划的制定中，逐步弱化以行政方式和思想去指导高等教育组织的行动，代之以现有政策、制度、方法与措施来对高等教育进行规划，强调宏观指导下的微观决策的自主性、创造性及对市场变化的适应和调整，充分反映战略规划的协商性、指导性、灵活性等柔性特征。

1. 协商性

协商性体现了政府以协商的态度，广泛听取社会各界意见，特别是尊重高等学校的意见和建议，并且政府与高等学校一起，通过立项的方式开展调查研究，进行经济与社会发展对人才要求的预测，进行科技的发展与学科专业发展的预测。在这一过程中，政府不再是规划的单方制定者，而是通过专家、高等学校的办学者、主办者对高等教育市场需求信息的研究所达成的一致意见。

2. 指导性

指导性是指政府的宏观战略规划只具有原则性的指导作用，对学校一般没有法律上的强制约束力，但指导性很强。应当承认，目前中国高等教育战略规划还多少有些受计划经济的影响，但是，市场调节作用明显在增加。充分考虑到社会经济发展水平、公众对高等教育的需求、地区间教育发展的不平衡等多种因素，有效发挥各级教育行政主管部门对高等教育战略规划的宏观指导作用。

3. 灵活性

一般先编制一个中长期总体发展战略规划，然后根据变化适时地推出短期计划以作为对总体规划的补充和调整。同时，没有在实施过程中一成不变的计划，由于高等教育管理对象的复杂性和管理要素的柔性，出现一些变化是自然的，变与不变也是相对的，只要有利于管理目标的实现，变是肯定的。这就是计划灵活性的一面。

我们对比《全国教育事业第十个五年计划》和《国家教育事业发展"十一五"规划纲要》。从对比中可以看出，其在命题上就有所区别，一个是实实在在的计划，强调了计划性，而另一个只是规划纲要，弱化了计划性，突出了指导性与灵活性，在发展的战略思想与目标中，前者计划是以遵循的"基本原则"为出发点提出的，而后者是以"发展思路"提出的。在主要目标与任务中，后者也只是在一个大致的发展区间、要点式地提出工作思路。如果我们再往前去看"九五"甚至"八五"教育事业发展规划，内容则更详细、更系统、更刚性。

四、管理制度与程序更加规范

管理制度与程序更加规范化也是不言而喻的。古典管理学派曾主张管理层次系统化、规格化和集权化，行为科学学派则主张分权的、较为松散的组织管理。不论是哪一个学派，管理的规范化依然是提高管理水平和效率的重要保证。由于管理工作的不规范，没有按照规范工作而造成管理混乱及降低高等教育资源利用率的现象是存在的，如不少高等学校各类人员的工作量一直没有适当的规范标准来统一衡量，由此造成了平均主义，从而影响教职工的积极性，这是一个普遍的问题；有些高等学校在使用仪器设备时没有严格、规范的操作章程，使仪器设备损坏率大大增加；各种统计报表由于没有统一口径和严格制度，在具体填报过程中常出现随意性，使统计数据部分失真；大量高等学校对教师从事第二职业没有明确的制约，致使有些教师第二职业工作量过多，严重影响学校教学、科研质量；对于学院与学院、系与系、处与处之间需要合作才能完成的事往往没有明确规定，造成每件事都要研究协调，浪费了大量的时间和精力；由于没有严格的制度和岗位规范，出现校长做处长的事，处长做科长的事，使领导陷于不必要的具体事务中，因而不能深入调查、获取信息，不能进行科学决策等。这些事实的存在，充分说明了管理规范化在现代化的高等教育管理中有着十分重要的作用。从管理机构与人员来讲，与国外相比，我国高等学校的管理人员偏多。当然，有体制的原因，特别是我国高等学校做了许多应该由社会管理、学生自我管理的事情，但是整体上还是存在人浮于事的局面。国外发达国家高等学校管理人员岗位工作十分明确，由于实行流动制，岗位竞争激烈，管理者工作都很努力。而我国由于缺乏高等学校管理人员的较为明确的工作规范，人员的业绩考核与评价无从谈起，竞争机制难以建立。管理的规范化十分有利于简化和比较准确地对各级管理人员进行考核。目前，对管理者的考核不少流于形式，甚至没有明确具体的考核标准，而有些认真进行考核的高等学校则要求每个管理者把自己的思想政治情况、完成工作、今后打算等填写进表格，对半年或一年的工作进行自我总结，相互交流，听取意见，还要组织出面背靠背地收集情况，组织专人对被考核者进行打分，最后所有材料还要全部进档案袋，显然，这种做法又过于繁杂。在对基层管理者繁杂考核的同时，近年来对领导者的考评却简单起来。以往，有的高等学校领导要在教职工代表大会上进行述职报告，听取意见和建议，而现在改为在中层干部范围内述职，这两种做法在性质上是完全不同的，效果相差很多，后者做法难以听到对学校工作做得好坏的客观评价。按管理学理论，一般不应由校长任命的中层干部来对校长工作进行监督，这种做法根本不可能考核出真实的结果。久而久之，它会造成教职工对学校工作敷衍了事。在干部的考核与提升上也缺乏真正的科学规范，领导提升干部不看工作业绩、个人品质、职业道德、心理素质，而主要看是否听自己的话，对有开拓精神、工作有成绩，但敢于给领导提意见的人总是看不顺眼，甚至通过各种方式进行压制。

规范主要是规定各级各类管理人员的职责、工作任务、工作程序，而不是用来束缚管理者的手脚，规范严而适度能够使各级管理人员的创造性积极地发挥出来。所以，在制定规范和规定时，要适当留有余地，让各类人员根据自己系统的管理目标创造性地工作。

五、高等学校权力结构的合理化和管理模式的综合

(一) 高等学校权力结构的逐步合理化

高等学校管理的权力结构在纵向上分为若干层次，横向上每个层级又分为若干职能部门，形成纵横交错的矩阵式权力体系，这就是所谓的"科层制"。科层制被认为在精确性、稳定性、纪律的严格性和可靠性方面都优于其他组织形式。与社会中其他系统相比，高等学校的权力结构带有"科层制"的特点，有共同的目标、明确的分工、一定的权威、讲究效率和纪律等，同时又具有自身的诸多特质。但是，对"科层制"的改造与创新，许多高等教育管理专家进行过多年的探索。

在我国高等学校中院（系）教学行政管理人员常常认为管理者只是为了行使学校赋予院（系）的行政职能而存在，虽然他们往往被赋予处级、科级之类的级别，但是，他们的工作往往不能与其教学、科研管理的性质相吻合，而经常忙于一些非学术事务。

在弱化"科层制"中的行政权力，强化"科层制"中的行政服务时，有些大学的校长很聪明地将学校职能部门的管理权力弱化，或者转移到非权力部门行使某些方面的工作，而通过这些职能部门科学的管理、良好的服务来形成他们自己的权威，使权力受到制约，权威受到尊重。

高等学校的权力结构包括权力分配构成的结构和权力执行构成的结构，合理分配学校内部的组织权利，合理地构建责、权、利能有效地制约权力的实施，是高等学校权力结构的合理化的改革方向，从目前的环境来看，要想达到这一目标，也是一个长远的阵痛过程。

合理放权与合理用权是一门管理技巧。如何做到将学校的管理权力运用到"放而不乱、管而不死、用则有效"是一门高超的管理学问，这是一种将学校的管理权力科学地运用到极致的表现，也是许多管理者追求的目标。

(二) 高等教育管理模式的综合

虽然各国高等教育的管理模式不尽相同，但根据西方大学的管理经验，要使高等教育在当今竞争环境中发挥最大作用，提高管理的效益，应

使科层、市场和学术团体的管理机构有机地结合起来，使管理的模式更加综合化。

在宏观高等教育管理中，政府加市场的模式也在进行积极的探索，政府通过立法、经费拨款和评估手段对大学进行管理。随着我国社会的发展，高等教育管理体制改革的不断深化，高等教育管理中的市场成分必然会有所增加。我们认为，市场本身并不能给高等教育提供一套相应有效的管理模式，而是通过市场机制的调节作用来影响高等教育的管理。国外较为成功的大学管理经验告诉我们，由社会上的学者、教育的投资人、专门的教育咨询机构、教育评估机构、其他教育服务组织等参与高等教育的管理活动，只有这样才能促进高等教育管理的公平性和科学性。

欧洲在由"精英高等教育"向"大众高等教育"过渡过程中，管理上出现过两个重要变化。一是在 20 世纪 60 年代，通过政党和工会的力量，扩大对教授、学院和大学管理层次决策过程的渗透与参与；二是随着大学规模的扩大和管理复杂程度的提高，学术管理人员的数量有了很大发展。这些变化，一方面说明了伴随着市场影响的扩大，改革相应管理方式是十分必要的；另一方面也说明在高等教育系统中，学术的力量在管理中的作用日益增大。从大学领导角度看，行政领导和学术领导之间的矛盾与统一贯穿整个高等教育的发展历史。近代欧洲国家的大学管理中，教授的决策权一直很大，涉及职称评定、经费分配、教学科研等诸多方面。相比之下，校长、院长的作用是象征性的，教授的权力是学术权力的中心。这种权力模式基于这样一些因素，学者对学术价值观的认同，学者对各自知识领域的垄断，当时的大学远离社会生活，使国家的权力同时有可能也远离大学，大学因而获得一种宽松的外部环境。当今大学身兼学术、社会、经济、政治等众多功能后，教育决策因其在社会生活中的重要性而变得日益规范，知识的激增使得个别学者在自身研究领域的权威地位发生了动摇，加上对政府经费的依赖性，因此，第二次世界大战后的高等教育决策权力总体开始上移，行政管理的倾向扩大。这种行政力量的壮大一定程度上削弱了学术力量的发展，并波及学术研究在整个高等教育中的影响力。20 世纪 60 年代后，通过曲折的发展，逐步形成目前比较成熟的管理模式。中国高等教育的行政管理与学术管理也是走过了曲折的道路，20 世纪 50 年代的院系调整，高等学校归到教育部和国务院其他部委管理，教师是国家干部，学校的权力结构与行政等级相一致。这在一定时期适应了国家经济发展的需要。随着高等教育管理体制改革的不断深入，学术的重要性日益凸现出来，特别可喜的是，政府已经开始有效地运用学术权力对大学进行管理，特别是在政府的重大决策中、高等教育发展的规划中、制定高等教育的政策法规中等，学术权力的作用越来越大。

六、注重管理效益

高等教育管理的最终目的还是要体现到高等教育的效益管理上来。

管理的效益是高等教育管理中难以阐释又必须阐释的一个概念。在高等教育管理基本规律和高等教育管理原则中对此已有涉及。但无论从管理学或管理心理学角度，都应对高等教育管理的两个重要特点给予足够的关注。这两个特点是：第一，反复强调的高等教育是一个开放的系统，它包括学校与更高级别的教育行政系统的开放态势，也包括高等教育整体与其他社会系统的开放态势。仅从学校内部来分析效益显然是不充分的，办学效益中很大成分上表现为社会效益。第二，高等教育管理在空间上的层次性、多样性影响管理效益的评价。因此，我们希望通过多视角、多模式的考察，尽可能全面、准确、动态地勾画出评价高等教育效益的指标体系。

根据目标管理的要求，管理效益被定义为目标的实现程度。如果学校管理的结果符合或超过组织的目标，那么这种管理活动就是有效益的。具体来说，管理目标分两大类：一是政府目标，指学校的上级机构以正式陈述的方式对学校任务的本质作出规定，要求学校达到某一种状态。一般来说，政府目标是抽象的，这些目标并不存在刚性的要求，无法直接指导高等学校管理者的具体工作。二是操作目标，指依据本校特定情况而制定的实际工作和活动要达到的目标。操作目标具有被认可的标准和评价程度，明确地描述如何测量成就的程度，如大学本科生通过四级英语水平考试的比率等。理论上讲，操作目标应体现政府目标才能实现整个系统的最大效益。

系统资源模式把效益定义为组织在其环境中得到有利地位的能力，借此，可以获得较多资源。根据系统资源模式，学校有可能通过学生、家长、企事业单位、教育主管部门、当地政府获得资源来加速学校的发展，提高学校的办学质量、水平、效益，推动学校的发展。系统资源模式根据开放系统的概念和要求，强调学校的适应能力和寻找资源的能力。

应当看到，企图以一个简单的程式去解释丰富多彩的高等教育系统的管理效益问题是不现实的。管理效益实则也是一个权变的概念，一方面在市场经济条件下高等教育活动本身是多目标、多价值观的统合；另一方面管理者自己的个性特征也是重要的变量，直接影响管理活动。将管理人员的个性特征与组织特征、情境特征综合考虑后提出的高等教育管理效益指标体系可能是比较可行的。

第四章　国内外高等教育管理实践分析

第一节　国外高等教育管理实践分析

对国外高等教育管理的体制以及特点的分析，有助于我们总结国外高等教育管理的先进经验，从而对我国高等教育管理的发展提供发展动力。

一、英国高等教育管理分析

（一）英国高等教育管理体制

英国的高等教育处于世界领先水平，一直以来，英国都秉承了"建立世界一流的高等教育体制"的教育目标，这对英国政治、经济和社会的发展起到了很大的推动作用。近代，英国涌现出牛津、剑桥等一批世界一流的大学。英国的教育模式也培养出一大批杰出的人才，在最近的一百年中，剑桥大学就出现了81位诺贝尔奖获得者。同时，英国高等院校良好的教育质量也吸引了不少海外学生。优秀学生的云集对英国进一步提高国家竞争力又起到了良性的推动作用。对英国高等教育体制的探索，将为我国高等教育的发展提供借鉴。

1. 英国高等教育管理体制概况

英国高等教育管理体制的核心是由政府宏观引导、高校进行自治。在政府针对教育发展制定的目标中就明确表示"政府在高校发展过程中要避免做得过多，妨碍高校的自主运营"。在英国政府中有一位专门负责教育的教育部长，其教育部的全称是"教育和技能部"，负责制定宏观政策，而具体细则的制定和落实则由政府教育部组建的各个独立的机构来完成。这些机构包括：英国教学质量评审署，英格兰高等教育拨款委员会，高等教育与研究协会，等等，这些机构直接面对各个高校，向高校提供资金支持以及各项服务，并负责监督和评估高校的政策执行情况，其最终目标是"运用资金支持、外部审核等手段提高教育质量"。

2. 英国高校内部管理体制

英国高校的管理体制是委员会决策下的校长负责制，学校各个层级的委员会负责制定学校的发展战略，对学校的事务进行决策。学校的管理由校长领导下的行政体系来执行。由于英国政府在 1992 年进行了针对高等教育的重大改革，使得 1992 年以前建立的高等院校和之后建立的高等院校在管理体系上略有不同，主要表现在大学理事会（council）和学术评议会（Senate）的设置方面。1992 年以后建立起来的高校是在《继续教育和高等教育法案》的要求下确定委员会的规模和人员构成，而 1992 年之前的高校则是根据自身的情况来确定的。1992 年以后建立起来的高校，其理事会负责处理学校的所有事务，而之前建立的高校实际上是由学术评议会（senate）要负责处理学校的事务。

（1）英国高校委员会的构成

以雷丁大学为例，其委员会体系的构成是：名誉理事会（Court）和大学理事会（Council）

名誉理事会是英国高校沿袭下来的名誉委员会。它仅在每年春天召开一次大会，主要职责包括：任命大学名誉校长（Chancellor）；听取大学校长（Vice-chancellor）做年度报告；接受并审核由大学校长提供的年度会议记录和财务账目。名誉理事会的人员构成为：领导成员、终身成员、公共部门委任代表、大学代表、其他机构代表、学院代表、议会代表以及其他人士。

大学理事会是全校最高的权力机关，由雷丁大学的校内专家和部分校外专家构成。其主要职责包括：负责大学各类资源的经营和管理；决定授予名誉学位的名单；任命校长和其他重要官员；受理学生的最终投诉；确定其下设的附属委员会（Sub-committee）委员名单；评定教授。大学理事会的人员构成为：领导成员、公共部门委任代表、由名誉理事会任命的非在校人员、学部主任、由学术评议会任命的非在校学生会员、教师代表、大学评议会代表、学生会代表。

（2）高校的行政管理体系

英国高校的机构设置与中国高校有些差异，是以学部为单位设立的。例如，雷丁大学在学院一级之上设 4 个学部（Faculty），分别是艺术与人文学学部、经济与社会科学学部、生命科学学部和理学部，4 个学部之下共设有 20 所学院，学院下面还设有相应的系。与学部平级的有 5 个专门的行政单位，分别是学术中心、设备管理中心、财务中心、信息中心和学生服务中心。

大学校长是学校的最高行政长官，此外，还有几位分别负责管理不同工作的副校长。在雷丁大学有分管科研的副校长，有分管学校资源、人事和校园规划的副校长，还有分管校企的副校长以及分管教学、质量评估、校企合作的副校长。每个学部的学部主任负责主管学部的行政事务，学部还设有副主任和行政办公室。学院由院长负责，也设有行政办公室。负责处理学院的事务。学院下面是相关的系，每个系都有系主任（head of department）学校的工作会按照层级向下分至各个学部，然后由各个学部再下分至学院再由学院分至各系。各系的工作对学院负责，学院的工作对学部负责，学部领导对校长负责。

3. 英国高等教育管理中的学生管理

高校学生事务管理体制是大学进行学生事务管理的各个层级的机构设置和管理权限划分的制度。英国高校学生事务管理体制具有以下几个特点：

（1）在工作中全面贯彻英国教育理念

英国政府希望高校能够将教育与学生的潜能开发和能力培养结合起来；培养学生的学术研究能力，提高学生的知识水平和理解能力；将教育与创建经济繁荣、文化多元的国家结合起来政府通过机构制定相应的教学科研标准，宏观引导高校在各项工作中贯彻教育理念，并通过考核评估，确保高校达到所规定的标准。例如，为了确保向学生提供高质量的教学内容，按照英国教育部的要求，充分培养学生挖掘自己在学习和工作中的潜能充分培养学生的学术研究能力，确保学校在教学科研方面有崇高的声誉，确保实现机构对于教学质量的要求，英国高校都根据自身的情况制定相应的战略规划和工作流程，以贯彻这些教育理念。机构的评估标准中有一项是对学生的学习和发展状况进行评估。雷丁大学结合这一标准，在自身的发展战略中融入进了培养优秀学生的内容，在学生服务体系中设立了学习顾问制度、辅导员制度以及个人学术档案制度。学习顾问设在学生心理咨询中心，协助培养学生的学习技能（study skills）帮助学生学会如何进行学术研究如何撰写论文，如何准备考试等等。

（2）法律理念贯穿学生事务处理过程

在有关学生事务管理的各项规章制度的制定中，法理是基础。

在有关学生事务管理的规章制度中充分体现公正、平等原则。例如，雷丁大学于2004年出台的关于"机会均等"的政策就表明，学生"不会因为他/她的性别、性取向、婚姻状况、父母地位、种族、肤色、民族、国别、政治信仰，是否是何种组织的成员，是否残疾而受到不公的待遇"，并且不会因为年龄而得不到公正的受良好教育的机会，学生在感到自己受到不公待遇时，可以向学校相关部门投诉，也可以向法院起诉。学生的投诉如果被驳回，他（她）还可以有申诉的机会。例如，学生在对宿舍管理感到不满时，就可以按照一定的步骤进入投诉程序。

首先学生向相关的委员会提出自己的诉求，这样也使得相关的部门清楚地了解该生希望得到怎样的补偿。如果该生的诉求没有在第一步中得到解决，那么其诉求就会转到系主任或院长那里。如果仍未得到解决，则进一步转到学生服务中心主任处，并由学生服务中心主任会同相关学部主任或者院长正式协商解决此事。要是仍然存在问题，就需要由学生服务中心主任就此事向主管副校长提交报告。如果副校长认为有必要，就进行更深一步的调查或询问，然后就此事作出相应的结论。要是学生仍然感觉不满，或者从其提出投诉超过了 4 周仍未由主管副校长给出相应的结论，该生就可以将自己的诉求提交给学校理事会的诉讼委员会。诉讼委员会的决定将是最终决定，该决定要提交至学校理事会。诉讼委员会会给出一个补偿的建议，并给学生一份正式的书面声明。

依法办事在学生事务管理中起着十分重要的作用。一方面，学校在制定与学生事务管理有关的规章制度时会考虑到相关的法律，另一方面，学校在处理学生事务中碰到同法律相关的问题时，会转入司法程序，不会用行政手段去解决相关的问题。在处理学生事务中，学校及其相应的部门能够明确地界定工作职责，仅就工作内容承担有限责任。例如，学校的职业指导中心会帮助学生收集相关的就业信息，但并不对信息的真假负责。如果有学生根据这些信息应聘某家公司，出现上当受骗的情况，他（她）会去找工会或是向法院上诉以获得补偿，就业指导中心所需要做的只是将这家公司列入黑名单。

（3）培养学生独立决策的能力

英国的学生事务管理中不会对学生的事务统一包办，而是将学生看作成年人，培养他（她）们独立决策的能力。学生从学校的服务部门、导师那里只会得到建议最终的决定要由自己做出。在英国的高等教育理念中，也将培养学生独立学习的能力放在了重要的位置。在雷丁大学，无论是在对学生的教学科研指导，还是在学生的日常生活服务中，培养学生独立性的理念均能充分体现出来。例如，学校虽然为学生配备了学习导师、学习顾问，但学生必须学会掌握学习方法学会如何写文章以及如何进行口头陈述。学习导师、学习顾问只会给他们提出建议，帮助他们了解自己的问题的症结所在。又如，学生服务中心不会主动告知经济有困难的学生申请资助，学生申请相应的资助需要自己提出申请，学生服务中心只在网络上详细地告知学生办理程序并公布电话。如果学生有需要的话，需要自己打电话咨询，或是在网上查找相关信息。

（4）学生事务管理中充分发挥学生的自治能力

学生会在学生事务管理中起到非常重要的作用。学生会参与到学校的各种重大决策之中，学生的要求能够通过学生会直接反映到学校。在雷丁大学的重要委员会中，均有学生会的领导成员，他们代表学生的利益参与制定章程，处理事务，维护学生的权益。例如，在每个学生宿舍楼中，均有一个学生宿舍楼委员会，除了为楼内学生组织一些活动外，还负责与学校的宿舍管理委员会进行沟通，将学生对宿舍的意见和建议反映给学校并寻求解决之道。

（5）管理寓于服务理念之中

在高校中，对学生的管理理念相对弱化，更多的是运用支持（support）服务体系。英国高校的学生服务体系相对比较完善，覆盖了学生的学生

生活各个方面。例如，在宿舍管理中，学校的住宿管理委员会会在各个宿舍楼安排宿舍总监来管理宿舍，其根本的工作原则是协助学生解决在宿舍楼中遇到的各种问题。在学生在校学习期间，学校会为学生配备导师辅助其顺利地在学校学习、生活。如雷丁大学对导师的要求是：帮助学生学习方面的发展；学习以外的帮助，如就业、发展；充当被辅导的对象同大学之间的纽带导师由各个学部负责选聘，一般的教学科研人员一般辅导每个年级各 10 名左右的学生。同时，校方还规定，导师与学生见面的次数每年不能少于 3 次。

学生的意见在学生事务管理工作中占有非常重要的地位。学生事务管理的每一项工作在进行了一段时间后（一般为一个学期），均会通过各种途径获取学生的反馈信息，也以此作为下一步改善工作的依据。例如，在就业指导中，职业指导中心的工作人员会采用向已毕业的学生邮寄调查问卷、电话询问或提供网上调查问卷的方式，了解学生对就业工作的看法以及自己的工作状况。同时，职业指导中心也会采用诸如免费午餐会的形式邀请学生参加主题讨论会，对就业工作提出意见。

随着经济领域的全球化发展趋势，各国在各个领域的竞争日益激烈人才的培养也成为各国发展的重中之重。高等教育的发展将会影响到一个国家的前途和命运。因此，借鉴国际先进经验，扬长补短将对我国的教育发展起到促进作用，也为我们国家提高国际竞争力奠定良好的基础。

（二）英国高等教育管理特点

一般认为。高等教育管理主要是指国家在特定的条件下。通过行政的、立法的、经济的、评估的等手段对高等教育进行协调与控制，最终实现高等教育培养人才、促进科技发展和服务社会等目标的过程。英国高等教育经过数百年的不断发展，以其悠久而厚重的历史见证了世界高等教育的成长历程，形成了独具特色的高等教育体系，在当今世界高等教育中居领先水平。

伴随着英国高等教育改革进一步深入和发展，英国高等教育管理也出现了许多新的变化和发展趋势。逐渐呈现出与英国的历史与现实、政治与经济以及历史与文化传统等因素相适应的特点。对于英国高等教育和国家而言，高等教育与政府之间的关系发生了变化，与之一道发生变化的还有高等教育的整体结构、管理以及它的资源基础和规模。

1. 努力坚持大学自治和学术自由

大学自治、学术自由是中世纪大学的传统和理想。中世纪教会对英国大学的影响很大，但和国家一样不能直接控制。在那时，英国大学可以受国家保护，但不由国家创办和管理。随着社会以及高等教育的发展，英国政府对高等教育的管理进一步加强，但大学自治、学术自由的精神和思想仍得到相当地继承。况且英国政府对高等教育发展的管理主要是对其发展方向等方面进行宏观的管理和引导。对于学校日常的事务诸如常规制度的制定、课程的编制和安排、教材的选择、经费的使用、学术决策、招生聘任等方面一般由学校自己全权处理，必要时与校内教师商定，协同处理。因此，虽然英国政府设有教育与科学部等机构形成对学校校务的限制。但如果与其他国家相较。英国高校校长与教师享有的独立自主权实在远较其他国家的校长与教师为大。

大学自治、学术自由是大学专业学术研究和创新的最重要条件，是大学区别于企事业机关的根本标准。英国的高等教育机构拥有相对较高自主权主要基于英国自身特定的社会文化背景。在英国人的传统中，认为最佳的教育管理是充分授予给被管理对象，依其自己的方式处理事务，以达到最高的效果。除非有明显的偏差，否则不应予以干涉。同时也认为学校不仅是一个学习场所，而且也是一个小型社会，在这个社会中。给予自由计划和选择，才是学习的最佳途径。只有这样才符合民主社会的要求。总而言之，大学自治、学术自由是英国高等教育管理的传统而永恒的理念。

2. 大力加强对高等教育的控制和管理

由于当今世界逐渐形成一些共同的因素，如政治民主化、经济全球化和一体化、科技革命、异质文化的交流与整合、教育的国际化和全球化趋势，使得各国高等教育管理在现代化发展进程中，呈现出许多共同的走向。其基本趋势是分权走向集权，分权走向集权。在西方尤为如此。正如美国比较教育学家阿特巴赫指出："如果曾经有过一个黄金时代，这时的大学真正是自主的，可以不受外界权力机构的干预而处理自己的事务。那么，这个时代早已经失去了"。在英国，传统上大学是自治机构，不受政府干预。但是，随着社会的发展。大学越来越保守，虽然19世纪以前的英国大学曾起过多种重要的作用，但没有一项与技术有关，而为推动英国工业革命作出过巨大贡献的那些重大技术发明（如蒸汽机、纺织机和火车等）却毫无例外地是由大外人士作出的。英国剑桥大学前副校长阿什比曾说："工业革命是那些讲究实际的能工巧匠完成的……在英国工业上升时期，英格兰的大学没有发挥过任何作用。"因此，英国政府为了使大学对社会经济发展起更大的作用开始干预大学。

英国政府在1919年成立大学拨款委员会，对所有大学进行拨款。由于大学的经费由政府划拨，则政府当然要关心过问经费的使用情况，尤其是在经济萧条、经费不足时期。正是从那时起，政府逐渐地干预大学了。首先，完全的自治必然要求完全的经费独立。这种程度的独立是根本不可能的。20世纪80年代以后。英国政府对高等教育的宏观调控有所加强。1985年3月英国政府向议会提出了《20世纪90年代英国高等教育发展》绿皮书，1987年又提出了《迎接挑战的高等教育》白皮书表明政府对高等教育改革十分关心。到20世纪90年代初期，新的统一的向所有大学拨款的高等教育基金委员会成立。负责将政府规定的总经费划拨给各大学。事实上，这一大学和政府之间的中介和缓冲组织。最终偏向了政府一方，由亲大学而变成了政府意志的执行者。成了政府干预大学的合法机构。总之，二战后，英国政府对高等教育的控制和管理进一步加强，与欧洲大陆的分权趋势相比，英国反而表现出一种政府的集权倾向，政府、市场和大学形成了新的权力关系。

3. 积极推行市场化管理模式

高等教育管理市场化是20世纪80年代末期西方高等教育界比较流行的一种思潮。所谓高等教育管理市场化主要是指随着高等教育为满足工业化国家的社会经济发展的需求以及大学现代化和民主化的现实。采取市场的运行机制和运行方式来对教育资源在高等教育领域内进行配置的趋势。

现代高等教育管理的主要原则已包含一些市场要素如竞争性、多样性、消费者的服务性等，这已经影响到大学生命的每一个方面。事实上，英国在20世纪80年代到90年代几乎所有的政府改革都涉及市场方式的趋势。而在高等教育管理领域的市场化改革趋势主要表现在以下几个方面：首先，经费方面。随着现代大学规模不断扩大，高等教育经费紧张，高等学校之间竞争日趋激烈。为了保证公平的竞争，英国政府把要划拨的经费分为两部分，采用"核心+边际"的模式，核心部分就是政府根据学校的不同而划拨的固定经费。边际部分是部分性的，是通过招收额外学生数以及根据教育和研究质量来获得；同时，政府鼓励大学到外界如工业界、商业界、私人等方面去获得经费，增强自身的造血功能，并且规定大学可获得与外界获得的资金相配套的政府拨款。等等；其次，招生方面。英国认为每个公民只要愿意都应受到大学教育。这样使英国政府鼓励大学尽可能多的招生，学生招得越多。总经费就越多。这样做的宗旨是把大学推向市场。因此，英国高等学校为扩大资金来源，不断增加学生人数，每年平均增长在10%—11%之间，这个百分率远远超出了政府的目标。当然，由于高等学校相互竞争增加学生人数产生了一些负面效应，政府也采取了一些限制比如削减生均经费等；最后，教师聘任方面。临时性教师和研究人员的引入，促进了教师管理的市场化。现在为大学做特殊的教学和科研工作而不属于大学的教师的人数飞速增加。1988年颁布的教育改革法案明确规定。取消学术教师任期终身制。并且成立新的拨款机构——大学基金会。这个机构成员主要是非高教界人士组成。总之，高等教育管理市场化是英国高等教育管理的一个很重要的特征。但是，市场机制的创立不等于就是自由市场的建立。英国政府也利用评估、立法等其他手段对高等教育进行宏观管理，以防市场失灵的后果。

4. 具有完善的拨款、立法和评估三位一体的监控体系

英国政府对高等教育的管理并不是直接地干预各个高等学校的事务，而更多的是通过拨款、立法和评估为主的三位一体的监控体系对高等教育发展及质量进行监控。

一是拨款。自1919年始，英国政府逐渐开始对高等教育进行拨款，实质上就是政府开始对高等教育加强监控。通常政府根据社会、政治、经济等发展的需要，制定一些科研项目。让各个高等学校来竞争，促使其朝着政府希望的方向发展。尤其是20世纪80年代初期以来，公共经费的削减，这种趋势更明显。在这场严重的经费削减之后，几年里政府都试图通过相对小规模的经济刺激来控制这个系统。近年来，英国政府为了使大学

资金保持稳定，使他们能够在增加研究项目数量与质量，以及解决研究与教学的巨大结构欠缺问题上取得不断的进步，政府承诺将继续承担高等教育经费的主要部分，并不断加大投入额度。在1997—2006年间。投在教育上的GDP比例从4.5%提高到5.6%。

二是立法。依法治国、依法治教是这个国家的共同理念。早在19世纪50年代当牛津和剑桥大学学风败落、裹足不前时，政府曾派皇家委员会进驻该两所大学进行调查，并发表了《牛津法》和《剑桥法》这两个"法"虽与现代正式意义上的国家法律不同，但也可以说是英国政府通过立法立规的形式对高等教育进行管理的发轫。尤其是"二战"后，几部有关高等教育法律对英国高等教育的发展有很大的推动作用，譬如1944年英国颁布的教育法，确立了教育包括高等教育领域内的新秩序，被人称为"英国教育史上最重要的教育法"。还有，英国政府于1966年发表的《关于多科技术学院及其他学院的计划》，1972年发表的《教育发展的框架》白皮书，1985年发表的《90年代高等教育的发展战略》绿皮书，1986年发表的《1986—2000年英国高等教育的发展要求》报告，1987发表的《迎接挑战的高等教育》白皮书，1992年颁布的《继续教育和高等教育法》等一系列文件，无不体现着政府通过立法、调研、规划等手段从宏观到微观对高等教育发展进程与方向的有效调控。

三是评估。高等教育评估是英国保证其教育质量，监督高等教育的重要手段。到20世纪90年代初期，英国高等教育评估主要有四种：高等学校内部的教育质量管理、控制与自我评估，高等教育基金会代表政府实施的高等教育质量评估，高等教育质量委员会代表大学校长委员会这一英国大学的集体协商组织实施的质量审核，以《泰晤士报》发布的英国高等教育学校排行榜为典型代表的社会评估。直到1997年，高等教育基金委员会下设的质量评估委员会已与大学校长委员会下属的高等教育质量委员会实现合并。组成了英国新高等教育质量保证机构。由于评估尤其是综合性评估的结果一般与经费、声誉等挂钩，各个高等教育机构一般都非常重视。当然，政府有时．也采取另外一些调控手段如行政等，但相对来说使用的较少。总之，具有完善的监控体系是英国高等教育管理中一个突出的特点。当然，质量评估也受到有些学者尖锐地批评，"作为一种政府政策，教学质量评估是失败的。"

5. 社会专业团体广泛参与高等教育管理

英国是个崇尚民主的国家，在高等教育管理中除了政府对教育实施宏观管理与指导外，也非常重视一些专业团体或其他机关的意见。譬如，全国教师联合会、扩充及高等教育教师联合会、大学教师联合会等在英国高等教育管理过程中影响很大，能充分地反映教育改革中的一些意见，争取教育工作者本身的利益。当然，除了上述一些团体外，英国社会上有些团体对教育决策与管理也有很大影响。譬如英国国教教育委员会和天主教教育委员会与教育行政机关保持较密切的关系，均负有协调教会的各类教育的责任，并且具备咨询委员会的性质。这些对英国高等教育管理都产生了相当的影响。

以上简略地讨论了英国高等教育管理中若干主要特点，这几个特点能较清晰地显示出政府、社会、市场与大学四者在英国高等教育管理中的一种互动关系。事实上，这几个特点是英国高等教育在英国文化传统的继承与发展中、在英国社会经济的发展过程中、在整个西方社会发展过程中的逻辑发展结果。大学自治、学术自由是英国大学通过七八百年发展的历史沉淀，也是英国这个民主社会传统的一部分。无论如何，政府对大学的管理永远遵循大学自治、学术自由这一原则。然而，大学自治并不意味着完全独立于社会与国家之外，学术自由也并不意味着有权力去做和去说任何事情，大学的发展必然要受到国家和社会发展的制约和冲击。在英国，由于大学比较保守，在现实的社会经济发展中没有起到应有的作用，而且大学教育和研究的成本大幅度提高，大学的发展越来越依赖于国家的经费，这样国家就逐渐加强对大学的控制与管理。而高等教育管理市场化是大学自治、学术自由这个传统与英国加强对高等教育控制需求之间妥协的产物。而具有英国特色的拨款、立法与评估三位一体为主的高等教育发展监控体系则是管理市场化与英国比较保守与传统特点相融合的产物。对于社会团体参与影响高等教育管理是英国大学由政府引导从"象牙塔"走向社会中心的必然结果，也是管理市场化的要求。总之，英国高等教育管理的特点是英国高等教育在英国这个大背景下，在高等教育内外部规律作用下逻辑发展而形成的。

一个国家高等教育管理的特点是与其历史与现实、政治与经济以及历史与文化传统相适应的。但随着经济全球化和高等教育国际化进程不断推进，任何一个国家的高等教育及其管理已不能避免地受到他国的影响。因此，英国高等教育管理作为世界高等教育管理大系统中的一个子系统，其经验和特点对我国当前正如火如荼展开的高等教育管理改革必有一定的借鉴和启示意义。

二、美国高等教育管理分析

（一）美国高等教育管理体制

众所周知，美国是当今世界高等教育最发达的国家。这不仅表现在它拥有一批教学和科研处于世界一流水平的大学，而且表现在其高等教育拥有完备的管理体制。"他山之石，可以攻玉"，研究美国高等教育管理体制，势必对我国高教体制改革有重要的借鉴意义。

1. 美国高教管理体制的现状

1787 年美国宪法没有提及教育，直到 1791 年在宪法第十条修正案中才规定："凡本宪法未划定而又非各州所禁止的事项，皆归属各州或人民。"这样，就从法律上把教育管理权划归于各州。笔者将从高教行政管理体制和高校管理体制两个方面介绍一下美国高教管理体制的现状。

（1）高教行政管理体制

高教行政管理体制，指国家或政府管理高等教育的体系和制度。在美国，联邦政府宏观调控，地方政府协调指导，统筹管理。

联邦政府与高等教育。多年来，美国一直都是由联邦卫生、教育、福利部的教育总署实施对全国教育的指导，直到 1979 年，教育总署才升格为正式的内阁级的教育部。教育部的主要功能在于管理联邦的教育投资，推动教育研究，收集并分发教育情报资料，以实施对全国教育的指导与服务。除了某些军事院校外，联邦政府对高校没有直接的管辖权，而是依据国会制定的各种立法，通过教育拨款，把联邦政策渗透到各州和地方，从而对高等教育施以间接的控制。近年来，随着高等教育日益普及，社会影响日益加深，联邦政府通过高教立法，确立投资的范围和重点，逐步加强对高等教育的影响和控制。

州政府与高等教育。州政府对本州的高等教育具有广泛的权力，州政府通过行使这种权力，对本州高校的管理、教学、财政等方面，施加直接的影响。①州立院校。尽管各个州对高等教育的管理方式不尽相同，但多数情况是通过州高等教育委员会来行使两项重要的权力：第一，在州立院校成立以前，批准建校的必要规章；第二，为新建院校发放许可证，这两项权力对于决定州立院校的性质、任务、特点来讲，都是至关重要的。此外，州立院校的经费，主要由州政府提供。有些州规定，州立院校的董事会成员由州长任命，大部分州都制定了有关对于可授予学位的公立院校的课程标准和师资资格等方面的法令或规章制度。②私立院校。私立院校为自治机构，但其建立必须得到州政府发放的执照，州政府要明确规定其首届董事会成员名单和董事会成员的选举方式。有些州对私立院校的课程内容及目的都有批准和监督的立法和规章。

监督机构和高等教育。美国与大多数欧洲国家不同，没有由官方制定的全国统一的教育质量标准，而是采取在自愿基础上建立民间鉴定机构的方式，来保证高等教育的学术标准。

鉴定机构负责制定高校本科和研究生课程的标准，确定对所属院校或某种课程加以评价的程序和方法，通过最初的评价及定期复查，对达到所规定的课程标准的院校或课程，用定期公布名单的方式给予公开的承认，以保证高等教育的质量，并促进高等教育质量的提高。

联邦政府依靠鉴定机构来确定值得给予资助的院校和课程计划，同时，州政府也依靠鉴定机构来确定值得接受州和联邦投资而由州管理的院校和课程计划。这种非官方的鉴定机构，在保证美国高等教育的质量上发挥了重要作用。

（2）高校管理体制

高校管理体制，指高校的管理体系和制度，它涉及的范围较广，其核心是高校的领导体制。美国高校实行的是董事会领导下的校长负责制。

美国高校基本上都有自己的董事会。董事会负责批准本校的大政方针，其注意力放在对本校的一般管理、组织以及处理学校与社会各界的关系上，重点负责本校的财政、资产、处理校内各方面人员之间的关系，而对学术管理、具体的教学工作则很少介入。

董事会主要由校外人士组成，成员条件主要是对高等教育感兴趣和在社会上具有一定的威望，来源多是政府官员、企业首脑、社会名流等。许多院校的校长可作董事会成员，有的还可任主席。董事会下设常设委员会、投资委员会、发展委员会、学术事务委员会、学生事务委员会等机构，分别处理各方事宜。

虽然美国高校董事会负有全权，但董事会多把制定学术政策与规章制度和管理学术事务的权力交给评议会，通过由教师作出学术问题的决策，保证学术管理的有效和高效率。评议会主要职责是确定校历、决定课程计划、确定本科生和研究生的录取标准和学位标准、校内各种设施的使用等。

评议会成员一般是教师（特别是教授、副教授），但近年来，行政管理人员、学生及非教学科研人员的比例呈增加趋势。据斯坦福大学的一份研究报告称，在美国高校中，60%的评议会有行政管理人员的代表，50%的评议会有学生代表，30%左右的评议会有非教学科研人员代表。

校长是美国高校行政管理的最高负责人，担负着本校得以有效和高效经营所必需的各种职责。他由董事会选定委任，并直接向董事会负责。对上，校长负责提出政策建议，汇报下层情况；对下，校长负责董事会制定有关政策的贯彻执行；对内，校长代表董事会处理日常行政、教学、科研、财务、人事等事务，并拥有最后的决定权；对外，校长代表学校沟通与社会各界的各种关系渠道，了解社会对学校的需要，争取社会对学校的支持。

各校一般都设有若干名副校长协助校长工作。规模大的院校，设分管主持学术事务、学生事务，规划和财政等工作的副校长；规模较小的院校，副校长人数较少。

2. 美国高等教育管理体制的特点

（1）政府运用多种手段，实施间接调控

美国政府对高校的管理实行宏观引导和间接调控：联邦政府对高等教育的管理主要通过立法建制、制定政策、设立项目、提供资金和信息服务等方式来体现，这种间接管理的特点非常明显，不仅联邦政府如此，州政府对高等教育的管理也越来越趋于间接性，州政府通过制定经费分配方案、项目管理、收集、整理高校信息及处理本州高校之间及高校与社会各方面的关系来统筹管理本州的高等教育，但并不直接参与学校的运行，学校的一些重大事项由学校董事会决定。

（2）高校拥有很大的自主权

美国高校拥有很大的办学自主权和很强的独立性。聘任教授、招收学生、调整专业、设置课程、财政开支、筹措经费等方面都完全由学校自主决定，但这种自主并不等同于校长独裁，由于美国高校实行董事会领导下的校长负责制，董事会成员大多是教育界以外的各界人士，这有利于有效地汇集社会各方面的意见，确保大学在办学运作过程中的一切决策趋于民主化和科学化，更好地适应社会各方面的需要。这种独立自主性极大地激发了大学自身的办学积极性，确保大学可以根据社会需要和环境做出灵活的反应，促进了美国高等教育的多样性和蓬勃发展。

（3）高校实行民主管理

美国大学具有民主管理的传统和机制。学校设有各种委员会参与管理工作，学校一级的主要是校务委员会和教授评议会：校务委员会主要就学校发展、教育和学术政策、教职员工及学生切身利益等问题提出建议并制定具体办法；教授评议会则主要对学校的大政方针进行咨询，讨论并提出教师对学校发展建议的基本主张，它在促进教师参与学校管理、维护教师权益等方面起着重要作用。另外，在院、系等各级都有相应的代表群体利益和学生利益的组织，他们向学校反映群体或学生的要求，并就一些具体问题的解决与学校联系、交涉等。可见，美国高校内部管理表现出明显的民主性。

（4）广泛的社会参与

在美国，参与高教管理的不仅有政府教育行政部门，众多的社会学术组织和鉴定机构，传媒及选民的意愿也直接影响高校重大事项的决策。公立大学是州内最大的公益事业，来自选民税收的相当部分要用于公立大学，因此公立大学的学术标准、教师工资、基本建设和发展规划、专业建设、经费分配等经常会受到社会大众的关注和影响。鉴定机构的各种评估，特别是每年一次公布大学排序名单，对高校竞争和发展起着积极的作用。另外，传媒对高校也有较大的影响力。所有这些说明美国社会参与高等教育管理的广泛性。

2. 美国高等教育管理特点

美国是世人公认的世界强国，其高等教育为其成为世界第一，在经济、科技、军事技术等方面起了重要的作用。美国拥有世界上最好的高等教育体系，接受高等教育的人口比例是全球最高的，其拥有众多的一流学府，吸引了世界各地的优秀人才，为美国科技和产业发展提供了坚实的人才基础和强大的智力支持。美国的发展证明，教育是强国之本。

正因为拥有世界一流的高等教育，美国才拥有大量的自主知识产权、影响深远的杰出学者和强大的知识经济。美国的高等教育特点鲜明，具体来看，主要体现在以下几个方面。

第一，高度的办学自治性。高度的办学自治性是美国高等教育的突出特点，这一特点对于国家的科研创新、科学技术的产业化具有十分重要的作用。美国的高等教育移植于西欧，受英国和德国高等教育思想的影响较深。英国的自由办学和德国高等教育教学与科研并重的思想深深地影响着美国高等教育的发展。然而，美国高等教育的发展并非只有继承，更多的是切合本国实际的创新。美国是一个移民国家，受传统势力的束缚较少。因此，美国高等教育的自治性要高于传统思想束缚严重的欧洲国家。办学的高度自治性，对于美国的高等教育发展具有十分重要的作用，也是美国高等教育领先于其他国家的重要原因。

从美国高等教育的管理体制来看，高度的分权制是其办学自治性的重要保证。高等教育的分权制管理，是美国权力制衡、自由自治思想的体现。具体来讲，美国高等教育管理的分权制主要体现在三个方面。首先，任何团体或组织在美国都能建立大学或学院，政府没有权力否决或阻止私立机构办学，对于私立机构出资兴建的高等院校，政府没有权力直接参与学校的管理工作。由美国联邦和州政府出资兴建的大学或学院，政府也不能对高等院校的教育工作发号施令。在美国，不论公立院校还是私立院校一般都实行董事会管理制，董事会成员一般由社会知名人士、教育界专家组成。政府对公立院校的管理和影响，通常是通过划拨经费和任命校长进行，而对于私立院校，则几乎不干涉其学校管理的任何事务。其次，美国的教育经费除了少部分由政府拨给公立院校外，大部分教育经费是以奖学金、助学金的方式直接交给优秀的学生，由学生自主支配选择就读的学校。也就是说，掌握教育经费分配权力的是学生及其家长而不是政府。将大部分教育经费交由学生支配，就会迫使学校像对待消费者一样，为学生提供物美价廉的教育服务。最后，美国的高等教育是由社会中介组织评估的。其高等教育认证委员会就是一个非官方性质的具有高度权威性的高等教育评估机构。由非政府机构对高等教育进行评估，这对于维护美国高等教育的自治性，避免政府机构对高等教育进行干预具有十分重要的作用。

第二，高等教育的多样性。美国高等教育的多样性主要体现在以下几个方面。首先，美国的高等院校具有初级学院（社区学院）和综合性大学等不同的办学层次，可以满足教育对象对高等教育的各种需求。其中，初级学院属于普及型的高等教育，主要满足教育对象对学习实用型技术的需求，而可以颁发博士学位的综合性大学则可以满足教育对象对高端科学技术的学习需求。其次，美国的高等院校除了公立院校之外，更多的是由私立和非营利性机构投资创办的私立院校。很多私立院校经费充足，与公立院校相比往往具有更高的教育和科研水平。举世闻名的哈佛大学、斯坦福大学就是私立院校中的优秀代表。再次，美国接受高等教育的既有白人、黑人还有其他肤色的民众；既有富人也有相对较为贫穷的人；既有身体健全的人也有残疾人士。美国高等教育的多样性可以满足各类教育对象的教育需求。最后，美国高等院校可以实行学分制，也可以实行非学分制。大部分高等院校实行学分制教育，进入大学较为容易，但获得能够拿到学位的足够学分却并不容易，属于典型的宽进严出型高等教育。据统计，美国本科生毕业率只有30%左右，研究生毕业率也仅有60%左右。一些实行非学分制教育的高等院校，大多根据学生的实际需要或职业的特殊性质开展继续教育、休闲教育或公司委托的专项技能培训等。

第三，高等教育的社会性。众所周知，现代高等教育的发展经历了以英法自由、自治、自主思想为主要特征的第一阶段、以德国研究型大学为主要特征的第二阶段和以美国重视高等教育的社会属性为主要特征的第三阶段。高等教育的中心也经历了从英法、德国向美国的转移。重视高等教育的社会性是美国高等教育领先于世界各国的一个重要原因。传统的高等教育，强调学术的自由、学校的自治和教师的自主，这对高等教育的发展虽然十分重要，但也带来了一些负面影响，使得高等院校变得自我封闭并脱离社会实践的需要。高等院校集中了大批的知识精英，拥有大量的先进科研设备，应为社会的发展作出贡献，这是高等教育应负的社会责任。美国重视高等教育的社会责任问题，大力发展高等教育的社会功能，重视高等院校与产业的对接，注重科研成果的生产应用。硅谷产业园的诞生，就得益于斯坦福大学重视科研成果的产业化，而斯坦福大学也因此跻身世界一流大学。当然，美国高等教育注重科研成果的社会应用并不意味着对基础科学研究的忽视。从诺贝尔奖每年的归属来看，其基础科学研究仍然处于世界领先地位，为美国成为世界强国作出了应有的贡献。美国高等教育的社会性还体现在美国大学生并非整天钻研书本知识，他们参与社会活动较多并能够将所学的知识应用于社会实践中。

第四，高等教育制度管理的科学化。如果说高等教育的宏观管理表现在教育政策的制定、办学规模的控制及学科内容的设置等方面，那么，高等教育的微观管理则表现在学生的招生、录用、注册、医疗保险和日常行为管理等方面。美国大学在这些方面管理的直接经验是规则管理和个案管理。它除了制定严格的制度约束学生和教师的行为之外，还会根据每个学生的特点进行个性化教育管理。如注册、选课等全部是网上进行；对教师教学和科研的评估也会根据达到的指标进行科学评价。虽然对研究人员在日常的作息时间规定上不是很严格，但是每周一次的 seminar 制度就是对员工工作和业绩的最好的制度检查和科学评价。当然，在日常的管理中也非常注重人与人的交流，以保障有些问题的个案处理。

第五，高等教育管理的人文关怀美国高等教育在管理过程中充分展示了人本主义管理的特点，将人文关怀送到每一个被管理者的心中。从 20 世纪 80 年代开始，美国制定了对学校教育进行系统评估的 21 条准则，其中包括自立、勇敢、正直、自信、谦恭有礼、勇于承认错误、信守行业道德、己所不欲，勿施于人、有创造力等。学校的教育内容十分广泛，大到授予博士学位，小到能倾听学生心灵的呼声，他们将教育与管理有机结合，将人文社会科学与自然科学有机统一，在大学中有专家咨询团从事非学术的咨询评议活动，当学生遇到某些心理、学习、生活上的困难时，由专家负责解答这些问题。此外还有精神学、法学等方面的专家，定期对学生的思想、心理及生活问题给予评议，旨在培养学生健全的人格。学校的各种管理制度严格，规范明晰，便于学生了解和掌握。制度化、科学化、人文化的管理加速学生的自我教育和自我管理水平的提高，使大学中管理就是服务，管理就是教育，服务就是教育得以真正实现，并收到良好效果。

三、新加坡高等教育管理分析

（一）新加坡高等教育管理体制

新加坡的教育管理模式经历了从分权制到中央集权制模式的转变，在中央集权制的实施过程中朝着更能发挥其优势、克服其弱势的方向不断改革和发展，即中央集权制与扩大学校自主权相结合，使集权化不断走向民主化，从单纯依靠行政领导逐渐向依靠法制和科学的领导方式转变。如在教育部的方针、政策的制定方面，强调朝着一个灵活、更能发挥学生个人潜能的方向发展，将更加强基础知识的教学，让学生享有更高的素质教育。推行学校经营私营化，发展自主学校，提高自主学校的质量，学校享有较大的自主权和灵活性。

（二）新加坡高等教育管理特点

一是政府重视信息化管理建设。新加坡作为一个亚洲城市小国，其信息化程度在世界范围来看却是最高的。新加坡政府早在多年前就已经认识到了教育必须走信息化发展之路，从而树立了一种全新的信息化管理理念。1996年着手全面实施的《资讯科技在教育上的应用总蓝图》充分体现信息技术教育的战略地位，新加坡教育部为此投入了大量的经费，并实行了倾斜政策。除了对高校增大投入外，教育部还为一些教师提供笔记本电脑，方便他们收集资料进行教学和管理。

二是政府宏观管理与各高校自主管理相结合。新加坡政府实采取实行一级教育行政管理体制，由教育部对高校实行统一的网络化直接管理。新加坡政府注重在帮助高校建设好外部信息化环境的同时，鼓励高校建设好内部信息系统。它的整个教育网络架构分成国家教育部和学校两级。教育部有自己的信息中心，高校也建立了独立的校园网信息管理中心。而对高校内部管理系统，政府只是引导和利用，并不沿袭一套过时的领导干预体制，过于牵制它们。信息技术的使用将促使学校与外部世界、学校内部以及学校之间的联系更加密切和有效，这都将大大增强政府对高等教育管理的有效性。

三是政府对管理数据进行标准化规范。新加坡政府非常重视信息管理中的标准化建设，对各教育信息系统中的有关信息数据包括各个评估分值标准以及网络互连、校园网络环境等都由政府制定必要的标准、规范和要求，实行标准化的规范和统一化的管理。

四、国外高等教育管理启示

（一）完善高等教育管理体制，扩大高校办学自主权

在高等教育管理过程中，明确各级政府的职能，扩大学校办学的自主权。把能下放的管理权力尽可能下放给高校，促进高校办学积极性和主动性。政府主要是利用立法、规划、拨款、评估、监督和必要的行政手段来调控高等教育发展的规模和速度、质量和效益。在实践中探索政府调控与市场机制的最佳结合，充分调动学校进行制度创新的主动性、积极性，使高等学校真正成为面向社会、自主办学的法人实体。高校自主办学并不等于自由放任地办学它必须在政府宏观调控下运行，这也是高校发展的基本规律。

（二）转变管理方式方法，提升高等教育信息化管理手段

高等教育管理不能只注重管理者的主导作用，而高校教职工作为被管理者，不能始终处于服从命令、听从管理的被动地位。在实践中也要采取各种各样的方式、手段、措施，包括采取教代会、工会等民主管理的基本组织形式，来充分发挥他们参与教育管理的作用，使高校教育管理更加符合高校教职工的愿望和利益诉求，从而可以促进高校教育管理有关政策措施的顺利实施和教育管理目标的实现。同时，还必须重视人的感情因素，使教职工真正感觉到主人翁的地位和作用确实得到落实和发挥。

随着信息技术和互联网的飞速发展，大大提高了管理效率。高等教育管理手段也随之发生了很大变化。新加坡高等教育信息化管理模式给我们提供了有益的启示，我国高校分为地方属院校和教育部所属院校，因此中

央和地方政府各级教育部门应注重帮助学校建设好外部信息化环境，同时鼓励各高校建设好内部信息系统。把计算机网络技术引入高校教育管理，建立起高校教育管理信息系统，使高校能够及时发布有关教育管理的政策规定，被管理对象能够及时与高校沟通，发表对现行高校教育管理政策的看法及对高校教育管理的意见建议，从而能够加强教育管理双方的交流与沟通，方便高校进行教育管理，提高高校教育管理的效率和水平。

（三）创新管理理念，实现教育管理科学化

1. 以人为本的管理理念

高等教育是归属于所有人的事业，担负着提高全民族、全人类素质的重大责任。因此高等教育管理以人为本，首先要肯定、突出"教育人"在高等教育管理中的主体性地位和价值作用。教育人归根到底是社会人，"以人为本"要求每个人都要从"人"的角度出发去思考、行事。高等教育管理"以人为本"，要求高等教育资源人人共享，发展过程人人参与，高等教育结果人人受益，发展前景人人向往。只看这样才能培育出和谐的人，继而才有可能达到自然的和谐、社会得和谐。

2. 高等教育管理社会化理念

教育属于公共领域，本质上是一个社会的非营利性事业，是关涉到社会公共利益的事业，教育领域的问题需要公众监督和过问。尤其是在我国高等教育已经开始进入大众化发展阶段，高等教育的规模不断扩张的形式下，高等教育管理活动不再仅仅是政府和高校的行为，而是要面向社会，让社会力量参与进来。如建立董事会制度，把热衷于教育事业的社会各界知名人士组织起来参与学校的决策，为学校管理活动提供咨询，为学校办学筹措资金等。还可以成立高等教育中介组织，对高校的本科教学进行监督和评估等。此外也可以利用互联网，设立公众论坛，针对高等教育的各种话题进行讨论，促进高等教育稳步向前发展。

3. 高等教育管理市场化理念

在高等教育中引入市场化管理理念，使高等教育具有竞争、选择等特征。美国、英国等国家高等教育市场化表现得尤为突出，这一点对我国高等教育管理有一定的启示。在努力把握市场的形成和运行，关注高等教育市场的发育与完善的前提下，我国高校管理中可以引入一些竞争机制，比如教师聘任制、人才流动制、后勤社会化等，使高等学校保持其应有的活力，更好地适应和满足社会的需求，形成一个比较成熟开放的高等教育市场。此外，在科研项目争取、专业设置和课程设置上体现出激烈的竞争意

识。对于一些学生选课率低的课程，应该及时修正，必要的时候进行淘汰。对于一些就业前景不容乐观的专业，应积极加以调整，以迎合就业市场的需求，从而更好地解决高校学生的就业问题。

4. 强化管理队伍素质，不断提升教育管理者水平

首先我国高校教育管理者应根据时代的要求，适应高校发展的需要，更新管理观念，更新知识，增长才干，成为新时代所需要的高教管理者。其次高校需要加强教育管理人员队伍建设，一方面在引进人才时术但考虑是否具备高校教育管理的基本知识，而且更要考虑是否能够熟练掌握和运用计算机技术，并以此为基础带动高校教育管理队伍整体素质的不断提高。这也能够使高校教育管理更好地适应计算机发展形势下对高等教育带来的挑战。另一方面高等学校要注重培养和提高现有教育管理人员的管理能力与素质，有针对性地对从事教育管理岗位工作的人员进行培训，不断提高他们的综合素质，更新和拓宽他们的知识技能领域。

第二节 国内高等教育管理实践分析

高等教育是以高等教育者和接受高等教育者双方共为主体，以高等教育资源为客体所进行的主体之间和主客体之间的，以成为一个完整的人为目标的社会实践。经济的全球化加速了高等教育国际化进程，教育与国际接轨已经成为我国高等教育在 21 世纪追求的目标。要使我国高等教育跟上国际先进国家高等教育水平，就必须客观地分析当前我国高等教育管理中存在的问题。

一、当前我国高等教育管理的现状与存在的问题

从宏观上说，我国的高等教育管理多实行中央领导下的分级管理，高校与政府保持着紧密地联系。《高等教育法》规定："国务院统一领导和管理全国高等教育事业；省、自治区、直辖市人民政府统筹协调本政区内的高等教育事业，管理主要为地方培养人才和国务院授权管理的高等学校。"可见，高等教育组织多和政府保持有密切的联系。目前，多实行"面向社会、依法自主办学，实行民主管理"的方法。但是在具体的管理事务中，高等教育组织很难脱离政府组织而存在，这种依附性表现在财务、人事任命、管理政策等各个方面。

政府主要通过法律、政策、拨款等管理决策手段来进行管理，而教育

作为培养人的活动，必须遵循教育的内在规律。倘若政府对教育的控制有利于教育自身的发展那么二者之间的关系是相协调的，倘若政府对教育的控制不利于教育自身的发展，那么则会破坏甚至阻碍教育自身的发展。实际上，上述两种情况在现实中是并存的。为了教育的利益，为了教育的生存与发展，教育管理者往往会做出各种决策，而教育是一个漫长的过程，在短时期内未必能够显现出期待的效果，倘若没有行政决策的前期论证而擅自实行某一决策或者擅自取消某一决策，对教育的长远发展都是有百害而无一利的，尤其是针对受教育者而言。

从微观上说，主要集中于高等教育组织内部的管理体制问题。从横向来看，高等教育组织各机构分工仔细，不同的组织机构担负不同的任务和责任，从纵向来看，高等教育管理都是通过上下级的组织机构构成了一个组织网络。

在高等教育管理体制中不可回避民主与专制、公平与效率、质量与数量的问题。无论做出什么样的选择都表征了管理者的一种价值取向。从横向来看，高等教育管理的民主主要体现在学校与家长及社会的权力分配、机构各部门之间的权力分配上，纵向来看，主要表现为政府与学校、学校管理者与教师、教师与学生的权力分配等方面。实际上，权力分配在本质上就是利益的分配。另外在权力分配的过程中，最为重要的是责任问题。也就是说，管理主体在享有权力的同时，必须承担责任，权责一致，否则就等同于专制。强调人性化管理，强调管理的服务功能已经越来越成为高等教育管理的一种趋势。公平与效率、质量与数量的矛盾在高校扩招之后显得尤为突出。高校扩招在很大程度上满足了适龄青年接受高等教育的要求，高等教育由精英化走向大众化，学生人数增加，适量的教育资源呈现紧张趋势，教学质量难以保障，现在的用人单位时有反映，现在的研究生相当于若干年前的本科生，本科生相当于专科生，尽管有学历有文凭，但在技术知识方面，却不如之前的学生掌握得牢固。为了提高管理成效，采用整齐划一的管理方法和评价方法，忽视个体差异性在高等教育管理中也是常见的。如何维持高校中的公平成为我们日渐思索的问题。

如果我们用后现代的视角观察目前的高等教育管理，会发现目前高等教育管理存在着一系列的问题。下面试从四个方面，对目前高等教育管理中存在的问题作一简要描述。

（一）管理结构重视科层化轻视人性化

阿什比认为，至少有三种力量在影响着大学发展的方向：政府、大学拨款委员会与专业研究会以及大学的内在逻辑。从我国的情况来看，我国高等教育是由政府垄断的，集办学与管理于一体，将大学行政化，依附于一定的行政级别。大学的行政化反映了科层制或是官僚制的需要。传统的教育管理是一种科层制的管理模式。科层化组织是现代管理理性设计思想的产物，是现代管理思想中工具理性的集中表现。即在组织结构、功能和绩效上，追求秩序化，将组织异化为达成既定目标的一种工具，适应了规范化管理秩序的需要，体现了理性管理思想的本质要求。它以某一个权力中心的存在为中心，并由上至下依次递减成权力等级链条。其中"权力中心"是科层制管理模式的典型特征，规章制度是科层制管理模式维系的纽带。

科层制恰恰是现代工业生产中分工协作关系及注重效率的典型特征。社会大分工是社会政治经济发展到一定程度后的必然现象。一方面，社会大分工弥补了因为个体的弱小而不能胜任组织内部繁杂工作的弊端，使得各项工作井然有序，提高了组织工作效率；但是另一方面，社会大分工地出现使得他们成为组织链条上前前后后的独立部分，割裂了部门与部门之间的联系，使得组织呈现条块分割的状态。学校是一个封闭系统，减少了与外界环境的联系，对来自社会环境的大多数影响持抵制态度。学校组织所表现出的科层取向的突出特点就是强调严格的层次节制。在科层取向的学校组织中，每一个职位都被预先授予其承担者对下属人员进行合法控制的权利，整个组织是按照服从命令为原则的。科层制度所赖以维系的规章制度将学校组织内业务范围、工作程序、行为标准以及学校系统内各科室的职责、关系以规章的形式明确下来，使学校内的各项工作有法可依，有章可循。结构是功能的基础，功能依赖于结构。学校系统的功能优化是与结构的优化密切联系在一起的。但是，科层取向过于强调权威的层级节制，也导致了一系列问题，把法规条例的运用发展到极端化程度必然会带来严格监督与控制、有效奖惩为具体手段的结果。而严格监督与控制、有效奖惩必然会带来学校组织内部的高度疏离，由疏离导致进一步的控制，最终形成学校内部的人际恶性循环，严重破坏学校气氛。最为常见的问题是部门与部门之间较为频繁的矛盾冲突。如决策系统校长、校长委员会等与执行系统教务处、后勤部门与教职工、学生的操作系统等等容易出现矛盾冲突。尤其需要引起我们注意的是，由严格的制度管理导致的强制性学校气氛，对学生个性发展具有严重影响，极端化的制度管理完全有可能把学生培养成规章制度的奴隶。而高校就组织性质而言，它是一个不可分割的整体，其各个部分都是密切联系的，是以学生的成长成才为目标的，任何工作都需要围绕着学生的成长成才而展开，以上做法非但破坏了学校组织的正常运行和快速发展，更是与学校组织的性质相悖而行。

（二）管理对象多重视物而忽视人

现代教育管理诞生于大机器生产的工业化社会。"大众教育是工业社会制造的一部精巧独到的机器，用以培养他所需要的成年人……教育制度的等级是仿照工业体系官僚式的模式发展起来的。把知识组织成永久性的学科是以工业方面的设想为根据的……学校内部的生活完整地介绍了工业社会的全貌，成了反映工业社会的镜子。"在目前的高等教育管理中，建立在普遍性和一般性之上的制度、规范因为功利主义的价值取向和工具主义的思维方式的肆意蔓延，并伴随现代化和理性化催生的文化传统的失落而产生。组织中的现代人对历史的衰落和失去整体的感觉，是与现代社会组织的高度管理理性主义和经济主义普遍扩张直接相关的，组织中的人成了管理"现代化"文明和文化的副产品，扭曲了人们的生活世界，造成了人的失落、变形。人已经被异化为与工具无异的材料。正如海德格尔所言，在现代性视野中，人本身及其事物都面临着一种日益增长的危险，就是要变成单纯的材料以及变成对象化的功能。

首先，目前高等教育管理的思想与方法多采用科学管理，追求效率的最大化。科学管理的基础在于确定管理对象的本质，通过管理对象本质的抽象把握实施管理，主张采用实证的方法如教育统计、教育调查、教育测量与评估等使得学校管理标准化、系统化和程序化。然而高等教育管理所针对的群体是具有鲜明个性特点的人，他们接受或接受着高等教育，有着自己的思想，是活生生的、富有个性的个体。他们的思想是难于控制的。我们惯于将他们标本化，视他们为具有统一性质的抽象的物，而非具有思想的人。从而人与人的关系也变成了冷冰冰的人与数据的关系。这种简单化一的方法因为忽略了人的差异性，在解决不同的问题时难免有些片面与单调。

其次，现代管理组织的金字塔结构和科层管理制度默认了上级部门的绝对霸权地位。管理政策和措施的制定者"制而不做"，执行者"做而不思"，究竟谁为高等教育的管理实效买单呢？久而久之，没有人再质疑和思辨，也就失去了质疑和思辨的能力。他们的话语权被剥夺，创造力被磨灭，成为对话中的"失语人"，成为现代话语霸权下的"囚徒"。在科层化组织中，下级必须服从上级的命令，服从是下级的天职，倘若出现不服从行为，必须诉诸惩罚或处置。这种严格的等级制度将组织内人们的视线聚焦于权力、职位，忽视了个体的创造性思维的成长，久而久之，我们看到的更多的是权力链条上追名逐利的人，而鲜有富有创造性的人，我们开发的更多的是人的"奴性"的一面，而不是人的自主性和主动性。

（三）管理目标重科学理性轻人文价值

在理性主义看来，现代主义的核心品质是理性，理性是现代精神的理论内核。同时，人是理性的动物，理性是人的本质。理性具有绝对的、至高无上的权威，只有崇尚理性，人们才能推崇科学，追求真理与自由。但是伴随科学技术的发展，现代理性日益把工具理性作为其主要内容，而早期理性中的价值观念逐渐失去了立身的根基，理性渐渐成为一种异化的力量，借助于各样的规范性对人进行控制和奴役。不能否认，科学管理在高校管理中的作用也是有目共睹的，它简化了我们烦琐的管理过程，提供了方便快捷的方法。然而正所谓"过犹不及"，倘若将理性与科学置于高不可及的位置，使其游离于人文精神的约束，放弃了价值坐标的引导，则容易诱发科学主义、工具主义和功利主义的不良倾向。事实证明，在现代主义视野中，管理深受科学主义、工具主义和功利主义之影响，人文精神则悄然退居幕后。目前，高校教育管理工作很多都是通过量化管理实现的。注重用明确的数字和具体的行为来说明问题，但是对于那些影响教育管理的道德性因素却考虑得很少，排除了教育管理中的价值因素，主张教育管理乃是一项价值无涉的活动。举例来说，学生管理中推行综合测评量化管理方法，将学生的学习成绩、思想品德、日常表现分门别类地量化为不同的分数，并规定了各项的加权系数。这种方法可能会为我们遴选出优秀的学生，为下一步奖学金评定、荣誉称号评选做足准备，但是我们不能不怀疑的是，这种评价体系是否就是科学的、合情合理的。他们所做的这些事情，比如义工、校园文化活动等等是出于道德需要和兴趣爱好还是出于对综合测评加分的渴望，我们又如何去甄别其背后的动机。对教师课堂教学和科研能力的评价也多以量化方式为主，缺少实质内涵。在这种情况下，管理的目标仅限于实现学校的要求，通过奖励或者惩罚，维持学校内部秩序的有序性，管理者成为学校秩序的维护者，而缺少了管理者应该具备的内在要求。

高等教育组织是以培养人为目的的，并且是以人为主要对象的，因此，无论在管理组织过程中还是其预设目的，都应该关注人，尊重人的价值、生命和人的生活；另外学校办学目标、日常管理、发展战略决策、资源分配等等都内在地含有价值因素。依据客观原则进行管理、决策，将复杂的管理问题简单化，抛却其中的价值成分注定是要失败的。只有认识到管理中的价值层面，冲破理性主义和科学主义一统的局面，打破其束缚，"唯有人文，才可化成天下；唯有人文，才可出大智慧"，才可能促进高等教育管理的创新和发展。

（四）管理模式重视整齐划一忽视差异性

科层制度带给组织的另一后遗症就是确定性。自上而下的封闭的权力链条强化了人们头脑中的"确定性"，这种"确定性"一方面使得人们认为自己在组织中的角色和职责都是确定无疑的，是以结构固化一的，另一方面催生了人们内心的惰性，只是接受上级所制定的方式、方法，不再追求适合自己的方式、方法，逐渐抹杀了人的主体性和差异性，忽视了人的个性，单纯强调人的理性维度对组织管理的重要性。这种倾向在目前的高校管理中非常明显。在实践方面，我们习惯用统一的教育管理理论指导不同类型的学校组织，而忽视了对不同类型学校组织的研究。比如，综合性大学、师范类大学、艺术类大学等等是具有不同个性特点的学校组织，即便是在同一所院校内，不同的院系、专业也是不一样的。但是以往的高校管理没有深刻地认识到他们的差异性，而简单地采用统一的理论指导教育管理实践，难免有戕害其特性和差异性之嫌疑。另外在理论领域，目前学校目标管理是德国管理学大师彼得·德鲁克目标管理学的移植。在移植过程中，有两点是值得我们怀疑的，其一，将西方企业管理的理论简单套用到教育管理领域，其科学性如何，又有多少实效性？其二，产生于西方的文化背景下的管理理论是否能够适用于我国的具体情况，如何面对彼此的文化差异？

第五章　高等教育管理体制

第一节　教学课程管理体制

一、高校教学管理的职能分析

在教学管理活动中，必须正确、恰如其分地发挥管理职能，才能形成有效、系统的管理过程。通过对教学管理活动的实践和理论研究，决策——计划——组织——实施——指挥——协调——监督——检查——总结，既是教学管理过程中相互联系的环节，也是其发挥的职能，大致可以做如下划分。

（一）决策与计划的职能

决策与计划是教学管理的首要职能。决策就是人们对未来实践的方向、目标、原则、方法和手段所作出的选择和决定。计划是根据决策和目标的要求，进行统筹安排，拟订实施方法和程序，制定相应的策略、政策等。决策是计划的前提，计划使决策具体化，决策与计划是整个管理工作的基础。教学管理决策包括目标预测和目标决策。高等学校作为培养国家高级人才的基地，对人才培养的目标有明确的规定。教学系统自身发展的目标是指与教育目标相适应的办学规模、办学条件、师资队伍等方面的发展目标。目标决策主要是对教学目标和教学管理目标的决策，教学目标包括教学总体目标和教学过程各个阶段的具体目标等，教学管理目标包括教学管理总目标和教学思想管理、课程管理、教学质量管理、教师管理、学生管理等子系统的具体目标。

教学管理计划包括教学规划、教学计划、教学政策法规和教学管理工作计划等。教学规划是学校教学工作整体的、较长远的发展设想和计划，包括规模、方式、方法等总体目标和总的方向。教学计划是学校组织实施教学的总体设计，包括培养目标、规格、课程设置和要求、学时和教学环节分配等方面；教学政策法规包括国家依据教育目的而发布的规定、条例、规则和学校为了完成培养人才的任务而制定的规章制度等。教学管理工作计划包括组织和管理教学的各类工作计划，如招生工作计划、毕业工作计划、师资培训计划等。因此，教学管理计划是一个内容广泛的计划体系，计划功能对于教学管理系统具有特别重要的意义。

（二）组织与实施的职能

组织与实施是教学管理系统的一项重要职能，指按照决策目标要求，把系统中的各种要素组织起来，执行管理计划，使教学管理计划能够付诸实施组织与实施功能具体包括两个方面，组织设计的功能和组织行为的功能。组织设计指按照目标要求，设计任务结构和权力关系，建立一个合理而有效的管理组织结构。它的基本内容包括：为实现教育教学总目标把教学总任务分解成若干具体任务；把具体任务合并归类，划分部门，建立职权机构，如按年级设立年级组，按学科设立教研组等；选择和配备教师和管理人员，明确职责，并授予他们组织和管理教学的相应权力；为协调组织机构的职权关系和信息沟通关系而拟定各种规定，如教师工作职责，教学管理规章制度等。当然，并非对每项任务的管理都要有建立组织机构的过程，经常性地组织工作是根据各个时期的任务所规定的目标组织力量、明确分工、授予权力和协调关系。

组织行为的功能，即组织实施，是组织力量执行计划的行为和过程，其目的是使管理计划能够付诸实施。组织实施的基本内容包括：统一目标，使全体教职工目标一致；统一组织指挥，使系统内的一切工作都有人按时、按量、按质完成；人各有责，人尽其才，实行职、权、责相统一，使全体教师和管理人员明确自己的职责、工作范围、工作质量要求和协作关系；统一步骤，按计划步骤统一行动，保证计划的步步落实。

（三）指挥与协调的职能

指挥与协调也是教学管理系统的重要职能。指挥是指领导者依靠行政权威，指示下属从事某种活动，使系统按指令运行。协调是指消除管理过程中各环节、各要素之间的不和谐现象。因此，指挥与协调是从不同的侧面对管理过程的干预和控制，两者之间相互补充、相互完善。

指挥功能是指通过下达命令、指标等形式，使系统内部个人服从于一个权威的统一意志，将计划和领导者的决心变成全体成员的统一行动，使全体成员履行自己的职责，全力以赴地完成所负担的任务。教学管理的指挥功能有以下几点。第一，实行专家治校，保证领导权威，保证领导的督促、率领和引导作用有效发挥。第二，运用各级教学管理组织权责和规章制度，规范全体人员的行动。第三，严格按计划、大纲组织教学，统一标准，统一要求。第四，建立教学指挥机构，一般由领导、职能部门工作人员，借助先进的设备手段，建立教学指挥中心等形式的教学指挥系统。

协调功能是指对系统运行过程中各环节、各要素之间的不和谐现象进行处理和调整，以消除和减少各种矛盾，保证目标的实现。协调功能带有综合性、整体性特征，它是管理本质的体现。从某种意义上说，管理就是协调。教学管理协调的主要内容是通过计划、沟通、调整等方法，协调教学管理系统与外部环境，如学校教育与社会系统的关系；协调教学管理系统内部各类成员之间，各组织、各部门之间，管理过程各环节、各项工作之间等关系；协调教学系统内部课内与课外之间，教、学、管诸要素之间，教学内容、方法、手段之间，各章节教学内容之间的关系等。

（四）监督与检查的职能

监督与检查是实施教学管理过程的重要职能。监督就是察看并督促。检查是对预测的科学性、决策的正确性、目标的完整性、计划方案的可行性以及实施计划的有效性的全面考评。从本质上讲，检查就是一种监督和控制，是一种信息反馈活动。通过检查既可以发现管理过程中的缺点和问题，又可以发现优点和经验，进而克服缺点，推广经验，把工作推向前进。

检查职能的类型可以按不同类型划分。按检查时间划分有平时检查和阶段检查。平时检查及时不使问题成堆，阶段检查则是比较集中、全面的检查。两种检查互为补充，不可缺少。按范围划分有全面检查和专题检查。全面检查是德、智、体、行政、总务诸方面，目的是了解和掌握工作的全面情况。专题检查是有针对性地发现问题和解决问题，专题检查的内容决定于检查的目的，教学管理要专题检查和全面检查交替进行。按检查方式划分有自上而下的检查、互相检查和个人检查。自上而下的检查是学校领导者对下属的检查，这种检查有监督、考核的作用；互相检查是学校成员之间互相进行的一种方式，如教师之间的互相听课、互相检查教案和学生作业；个人检查是学校成员的自我检查。这种检查有两种，一是按学校布置的提纲进行；二是自觉地自我回顾。个人自查是具有强烈责任感的表现。

监督与检查具有双重功能：一是监督与考核下属人员的工作，能及时对成绩突出者给予肯定，对工作平平甚至失职行为者给予纠正；二是检查和考核领导人员本身的管理水平，计划、措施、执行是否符合规范和要求，明确管理者的责任。

（五）评价与控制的职能

评价与控制是教学管理，特别是现代教学管理的重要职能。评价包括科学分析和价值判断，指通过教学评价和系统分析方法，判断教学效果与教学目标的差距，为决策和控制提供有用信息。控制即根据评价分析的结果，纠正计划执行中的偏差，保证教学目标的实现。评价与控制是教学管理系统最重要的功能之一。

教学评价和分析的具体功能是根据教学目标和计划，运用各种科学手段，对教学过程和效果进行价值判断和系统分析，为教育教学决策和控制提供信息。教学评价和分析的主要内容包括：课程教学评价分析，课堂教学质量评价分析，教师评价分析，学生评价分析，课外活动评价分析等。

教学管理的控制功能包括教学前馈控制、教学过程控制和教学事后控制三种类型。教学前馈控制是预防偏差的一种控制，即预先采取有效措施，使偏差得到预先控制，防患于未然。前馈控制对于教学管理是十分重要的，教学系统是以育人为目的的，教学过程的任何偏差所造成的后果都是十分严重的、不能允许的，前馈控制可以防止这种情况的发生。教学过程控制也称教学现场控制，是在教学计划执行过程中的控制行为。通过对教学计划执行过程的现场观察、监督和指导，对教学过程进行评价、分析和建议，及时纠正任何不符合教学计划要求的偏差，保证教学计划的实施。教学事后控制，又称教学成果控制，是建立在终结性评价分析的基础上的控制行为，即在计划基本完成之后，把实际取得的工作成果与计划目标相比较，发现仍然存在的差距，作为将来工作的借鉴。

（六）总结的职能

总结是教学管理活动一个周期的终止，预示着下一个周期的开始，起着承前启后的作用。总结是教育管理活动不可忽视的一环，它要求用科学的方法，对工作进行全面系统地总结，肯定成绩，找出缺点，总结经验教训，探索管理规律，并指出未来的努力方向。总结对于积累管理经验，提高学校管理人员的管理水平，促使教学管理科学化，提高学校的工作效率和管理效能具有十分积极的意义。教学管理过程中的总结通常在一个学期或一个学年结束时进行，一般分为全面总结和专题总结两类。做好总结工作必须遵循以下基本要求。

（1）以计划目标作为评估绩效的标准。总结是对计划执行情况进行的综合分析和评估。原定的计划目标不仅是执行和检查计划的依据和中心，还是评估工作绩效的重要标准。

（2）要以检查为基础。总结是检查的后继阶段，是在检查的基础上进行的。没有有效的检查，就不可能有真正符合客观实际的总结。检查可为总结提供各种可靠的信息，如典型的事例、人员的言行表现、科学的数据材料等，但检查并不等于总结，也不能代替总结。检查是感性的，而总结是理性的，是发现原则和规律的过程。

（3）要有激励作用。回顾过去是为了推动未来，总结使组织成员进一步增强前进的信心和决心，成为前进过程中的"加油站"。一份优秀的总结报告应具有强大的激励作用，肯定的成绩能增强人们的信心，指出的不足能增强人们的责任感，从而振奋人们精神，提高教学管理水平。特别是在行使教学管理的总结职能过程中，通常要建立奖优罚懒、赏罚分明的奖罚机制，以促进教学工作朝着积极、健康的方向发展。

二、高校教学管理制度的内涵与结构分析

（一）高校教学管理制度的内涵

根据《现代汉语词典》的解释，制度一词有这样两层意思：一是要求大家共同遵守的办事规程或行动准则；二是在一定历史条件下形成的政治、经济、文化等方面的体系。

高校教学管理制度是一个多层次、多序列、多职能的完整体系，从不同的角度有不同的划分和理解。从广义上讲，高校的教学管理制度就是在一定教育发展条件下形成的教学管理体系，是由诸多元素或部件构成的、完整的、具有特定目的和功能的整体，各个元素或部件在构成上的变化直接影响高等教育功能的发挥和高等教育目的的实现。这个整体或者系统总是随着时代和社会的变化而变化，变化可以是主动的也可以是被动的，可以是宏观方面的也可以是微观方面的。每当高等教育教学不适应时代和社会的变化时，高等教育就要通过制度上的改革与发展适应变化。高校教学管理制度本身就是在不断适应社会的需要的过程中形成和发展起来的。但从狭义上讲，高校教学管理制度就是特指在高等学校的教学过程中，为了规范教学活动和实现学校的教学目标，而制定的系统的教学管理方法。

为提高高等教育的教学质量，各国的实践探索无不加强教学管理，从

制度上提供保障。从世界范围来看，学分制和学年制是高校教学管理中采用的最为广泛的两种制度。选择学分制还是学年制与国家的社会制度无关，而更多地与一个国家的社会文化和传统相联系。美国、法国、英国、意大利、日本等国有的实行学年制，有的实行学分制。即使在同一个国家里，在不同时期，不同大学也会采用不同方式，甚至在同一时期，不同大学也采用不同方式。由此可见，学分制与学年制只是两种不同的教学管理制度而已。它们的共性是学生必须修习一定数量的科目才能毕业；它们的差异则是学年制注重统一性，有显著的强制特点，学分制的自由度和选择范围则比较大，有显著的弹性特点。因此，两者并无绝对的优劣之分，大学的成功与高质量和采用哪种教学管理制度也无绝对的关系，关键是大学所采用的制度是否适应学校教学管理的需要。"制度"是一把"双刃剑"，只有通过不断地完善教学管理制度，才能促进学校的发展进步。

（二）高校教学管理系统的结构分析

结构是系统中要素相互联系、相互作用的方式，是要素在系统内的秩序。由于教学管理内部复杂的联系，根据不同的需要，从不同的角度研究就有不同的层次和形式的系统结构。

从组织结构分析，目前高校的教学管理可分为教与学两个系列，各为六个层次。在教的方面，由主管校长——教务处——学院——系（部）——教研室——教师，形成一个完整的教学工作系列；在学的方面，由主管校长——教务处——学院——系（部）——年级——每个学生，组成学习系列。这两个系列既相互交融、相互影响，又有其自身的独立性。教学管理系统六个结构层次的具体构成如下。

第一层是由学校主管教学工作的校长主持召开行政会议。这是学校教学管理的决策层。决策层的职责是通过调查研究，进行科学决策，实现宏观调控，校长要对整个学校的教学质量全面负责，从学校的定位、总任务、总目标出发，把提高教育教学质量、培养高级人才作为教学管理的中心任务。

第二层是教务处。它是教学管理的职能部门。它是在校长的领导下，对全校的教学工作进行具体计划、组织和调度的职能机构。教务处的工作主要是确定具体的学科、制定教学目标、编制教学计划、安排教学任务，对学校的教学工作进行检查和评估，对各专业的教学实行管理并对质量负责，负责全校的教务行政工作，是高等教育中十分重要的组织机构。

第三层是学院。学院是近年来高等教育改革过程中产生的结构层。由相关学科、系、部组成的学院，更有利于学科交融、资源共享，同时，也便于学校教学工作的管理和开展。学院主要是根据教务处制定的宏观计划，结合本院的学科特点，组织教学工作的开展。对系、部的工作进行安排部署，对本学院的教学做具体、细致和全面的管理。

第四层是系（部）。这一层次的主要任务是组织各专业教师进行教学工作的实施，经常性地组织教师进行教学研究工作，总结交流教学经验，提高教师的思想水平、业务水平和教学能力，对教师进行师德、教风和学风的建设，建立良好的教师集体，改进教学工作，提高教学质量。

第五层是教研室和年级组。教研室是根据学科和专业特性组织起来的教学科研组织，它是教师的直接管理部门，对教师的教学、科研工作进行最直接的安排和管理。在高校，年级的主要工作是由辅导员进行管理的，年级的不同，教学安排、学生的思想状况以及课程的设置就不同。因此，教学要根据年级的特点和大学生的心理、思想来组织管理，实施阶段性的教学检测、年级学科竞赛、教师教学状况调查等。

第六层是教师和学生个体。任课教师是教学工作的具体实施者，对本专业课程的教学质量负责，同时，还肩负着对本专业知识进行拓展和深入研究的责任，教师也要不断地研究和学习，努力提高自身素质和教学能力。学生是接受教学的主体，每个学生要对自己的学习实行自我管理，对自己的学习进行自觉、合理地安排，选择适合自己的学习方法，对教师的教学给予支持，向教师提出合理化的建议，并与其他同学进行学业上的交流和探讨。

在以上两个系列的六个层次中，还存在着反馈系统。反馈系统是教学管理中的必要元素，为保证教学工作在各个阶段的顺不利实施，学校必须建立顺畅贯通的教学信息反馈系统，以便及时了解教学过程中的实际情况，并将反馈的意见进行总结归纳，决策层和实施层根据反馈的信息对教学工作进行调整，保证教学工作正常运转，形成反馈机制，提高教学质量。

三、高校教学管理制度与教育质量的关系研究

作为继承、传播和创造知识的高等教育，在知识经济时代从社会的边缘走向了社会的中心。提高国民素质、储备科技人才，已经成为世界各国关注的焦点，把发展高等教育作为提高综合国力、增强国际竞争力的重要措施。高校教学管理制度的优劣是教育质量高低的关键所在，一个好的管

理制度对学校的发展、人才的培养具有十分重要的作用。

目前，高等教育进入大众化阶段的战略决策，并采取行政措施，连续几年扩大招生规模，以迎接知识经济的挑战，实现"科教兴国"战略，增强国家的综合国力和国际竞争力，满足人民群众日益增长的接受高等教育的需要。在今后若干年中，高等教育还要保持比较高的发展速度，才能实现大众化的发展目标。虽然缓解了高等教育供求的矛盾，但同时也给人们带来忧虑，担心因入学"门槛"降低和规模扩大过快而导致教育质量下降。因此，教育界最突出的问题是，用什么样的教学管理制度解决通向大众化教育阶段过程中或进入大众化教育阶段后的教育质量问题。

（一）完善制度建设、提高高等教育质量

高等教育大众化的重要标志是高等教育规模逐年扩大、适龄青年的入学率逐年上升。在整个发展进程中，进入高等学校的"门槛"必然逐年降低，这是否意味高等教育的质量下降了？答案是否定的。首先，"门槛"高低受招生规模制约，是人为设置的，不是评价高等教育质量的决定因素；其次，人是发展变化的，一次入学考试分数的高低，只能反映一次竞争的结果，不能代表人的素质优劣，更不能以此来推论或决定人的终身；最后，大众化阶段的高等教育，其教育目标定位是提高整个中华民族的科学文化水平，而不是少数精英。从这个意义上讲，虽然进入大学的"门槛"在逐年降低，但高等教育规模在逐年扩大，给更多的人提供了接受高等教育的机会，国民的综合素质提升了，整个中华民族的科学文化水平提高了，为社会主义现代化建设和发展知识经济培养了不同层次、不同类型、不同规格的各类人才。因此，虽然"门槛"降低了，但并不能说明质量下降。大众化教育阶段过程中出现的某些质量问题，并非这一阶段所独有，而且是可以解决的。

（二）精英教育赋予高校教学管理制度新的内涵

我国的高等教育尚处在精英教育阶段，但严格讲，它主要体现在数量即适龄青年入学率上，在质量上未能反映面向"精英"的精英教育。高考虽然是全国统考，但由于地区差别和其他一些原因，"精英"未必能接受精英教育。进入大众化教育阶段后，精英教育不仅不会消失，还必须加强，但高校教学管理制度需进一步完善。通过高等教育的结构调整和强化竞争与激励机制，使真正的精英流向这类高等教育机构接受精英教育。

（三）高校教育质量标准走向多元

新世纪，中国将更加开放，多元经济和多样化社会必然对高等教育提出多样化的需求，高等教育多样化是适应社会经济多元化、高等教育大众化、科技发展高速化、社会需求多样化、人的素质差异化的必然要求。高等教育只有为社会提供多层次、多类型、多形式的教育，才能满足社会对各类人才的需求和个性发展多样选择的要求。面对多样化需求的社会，高等教育必须走多样化之路，科学定位，主动寻找有利于生存和发展的空间，才能发展个性，办出特色，提高质量，经受住激烈竞争的人才市场的检验。

目前，高校的教学管理制度应引导高等教育适应社会，引导其追求理想学术型的办学模式和人才培养模式。多元教育质量观是有别于传统教育质量观的理念，它突破了计划经济的思维定式，有利于增强高校自主办学和自我调节的能力。它不仅对不同层次、不同类型的高等教育采用不同的质量评价标准，而且允许同一层次、同一类型甚至同一专业的人才培养目标也可以不同。多元教育质量观更能突出办学个性和特色，其运作更加客观，贴近市场，因而有利于引导大众化阶段的各级各类高等教育在各自的层面办出特色，提高质量和水平。

（四）多样化的高等教育对素质教育有新的解释

中国是一个具有几千年历史的文明古国，传统教育衡量教育质量的重要标准是能否为统治阶级培养所谓的"济世之才"，主张循规蹈矩，反对离经叛道。近代工业文明传入中国后，科学教育受到重视，以占有知识的多少和深浅为标准的知识质量观一度占据支配地位，强调培养学术型或学科型高级人才。到了20世纪80年代中期，针对大学生动手能力不强的现象，强调加强能力培养，出现了知识质量观转变为能力质量观的趋势。到了20世纪90年代中期，素质教育在全国兴起，教育质量观得到广泛认同。从教育的知识质量观到能力质量观，再到包含知识、能力在内的全面素质质量观，反映了社会变革、转型时期人们对教育本质认识的深化，丰富了教育理论与教育实践知识，促进了教育质量和办学水平的提高。但是，受传统思维定式的影响，其价值取向仍然偏向社会功能而忽视教育的个体功能，人才观仍然偏向理想模式下的"全才""完人"，而忽视多元经济和多样化社会对人才，尤其对专门人才的多样化需求。

大众化教育阶段的高等教育资源通过优化与重组，不同层次类型的学校将进一步分化。多样化的高等教育实际，要求人们必须走出传统的培养模式，进行制度创新，将传统理想模式塑造人改变为受教育者根据自身的实际情况与现实可能，选择有利于社会价值与个体价值统一的成才模式。即使对所谓"片面"发展的"怪才""偏科生"，也不能用现在的质量标准将其拒之门外，而应采取特殊的培养模式，促进其在"片面"方向"全面发展"。这类人才的特殊性在"片面"，决不能用理想模式迫使其舍长就短成为平庸之才，更不能将其扼杀。因此，传统意义上的因材施教将在分类培养的基础上，在更高层次上回归。教与学的角色将实现历史性的转变，教育不再是单向传授，而是导致学习的、有组织地和持续的交流。受教育者将能动地根据专长、志向和兴趣，按能级归位，选择有利于自身发展的教育形式。新世纪的素质教育必须克服上述两种倾向，不再追求标准化的单一理想模式及其质量标准，而应建立有利于不同层次、类型的人才发展的多样化的因材施教、分类培养、教学互动的弹性模式及其教育质量标准。

教育质量观属于教育哲学范畴，它是一个发展的概念，准确把握其内涵和外延，需要在教育实践中不断进行理论探索和实践总结。高等教育大众化必须是数量与质量的统一，关键是要建立正确的教育质量观。在社会转型和高等教育向大众化跨越的历史时期，教育质量观起着重要导向作用。怎样发挥其正面导向作用，克服其负面导向作用，促进高等教育的规模、结构、质量、效益的协调发展，是新世纪必须解决的重大课题。

四、高等教育的课程管理体制

课程是人才培养目标实现的具体化，课程管理的最终目标能否实现会落实到人才培养质量上。因此，我国课程管理制度改革应坚持人才培养质量为中心、学生为本以及实现多元主体利益诉求的价值取向，进而实现课程设置目标明晰、管理过程规范以及多元协同管理的目标。

（一）课程设置与人才培养目标相适应

高校课程管理制度改革最终服务于人才培养目标的实现。通过高校课程管理制度改革，明确课程设置，实现人才培养目标。创新人才培养前提条件是不同学科之间的融合与交叉。学科的融合与交叉，不但是创新人才培养的重要途径，而且是新知识发展的有效方式。高校应依据自身办学特色及学生兴趣进行课程设置，以此与人才培养目标相适应，满足人才培养需求。课程设置需打破原有的"条块分割"模式，以学科群定专业代替以专业定学科群，使课程知识结构更具结构化和创新化，更容易与学生认知结构体系相关联，促使学生创新思维与价值理念的形成。

随着社会经济发展，高校课程设置与人才培养目标不相匹配的特征凸显，影响人才培养目标的实现。为此，高校应以通识教育为基础，使专业与通识相结合、理论与应用相结合、科学与人文相结合、基础与前沿相结合，突破了学科之间、专业之间的界限，拓宽专业设置口径，形成综合化的课程结构体系，进一步加强专业调整，完善专业调整机制。这样不仅深化专业知识，而且丰富了课程内容，为实现人才培养目标打下坚实的基础。在世界不同国家的课程改革实践中，表明追求人文教育与科学教育的整合，有利于促进不同知识结构体系的融合与发展，而综合性和基础性的强化始终是设计课程的基本选择。

（二）完善课程实施过程的支持体系

创新人才的培养应渗透于课程实施的全过程，而不应游离于课程实施之外。以学生为本的课程管理制度改革应遵循现有的教学规律和学生的发展规律。在课程实施过程中，构建以学生为本的课程教学创新体系，把以教师为中心、以灌输式教学为主的课程教学模式转变为以学生为本、以参与互动式教学为主的课程教学模式，给予学生一定的参与权，激发学生学习的积极性，让学生能够畅所欲言，积极思考，促进学生发展。

同时，课程实施的顺利开展，离不开完善的教学资源支持体系。在以学生为本的理念指引下，通过高校课程管理制度改革，整合教学资源，使教学融入科研，形成教学与科研资源的共享平台，促进人才培养。例如，清华大学提出了综合型、研究型的课程教学模式，将实践教学和科学研究引入到课程实施过程中，鼓励学生参与实践活动和科研活动。通过实践教学和创新实践，使第一课堂贯通第二课堂，校内结合校外，实现教学与科研的资源互补与共享，促进学生的思维能力、实践能力以及创新能力等方面的全面发展，从而为创新人才培养注入新血液。当然，要实现创新人才培养目标，课程实施效果是基础。因此，需建立课程评价制度体系，对教师教学效果与学生学习成果进行评价，并给予学生应有的课程权力，让学生也参与到课程评价中，以此提升课程教学水平，实现人才培养目标。

（三）实现多元主体的管理目标协同

第一，随着社会市场经济的发展，政府的作用与职能日益显著。政府出资办学是高校发展的主要动力，对高校的课程质量具有间接影响。因此，政府的利益诉求需要通过自身参与高校课程管理制度改革来实现。通过参与高校课程管理制度改革，转变自身的角色定位和职能，成为课程管理的"掌舵者"，制定课程管理的宏观政策，促进课程管理制度改革，实现人才培养目标，以此获得政府宏观效益。

第二，伴随着市场经济的转型，高校逐渐拥有了办学自主权，可以自主进行课程管理。实际上，高校发展离不开教育资源的支撑。因此，高校通过课程管理制度改革，对课程资源加以整合和优化，充分利用和调动一切教学资源，制定科学的教学计划，并推行完全学分制，制定弹性选课制，确保课程的多样化和丰富化，满足不同层次人才培养的需求，实现人才培养目标，促进高校自身发展。

第三，学生是学校培养的对象，是学校的最终"产品"，而这种"产品"是学生生产自己。因此，学生的特殊身份，使其成为高校课程教学中重要的利益主体。高校应给予学生充分的重视，并为学生提供利益表达渠道，如让学生参与高校人才培养方案制定、教学内容选择、课程教学过程，使学生充分表达自己的想法和见解，以此发挥他们的主体作用。同时，高校教师是课程教学主体，对高校课程和学生的需求最为了解，是人才培养模式设计不可或缺的利益主体，所以高校也应给予教师充足的课程权力，让他们参与课程方案制定、课程教学实施以及课程评价等，发挥教师的作用，提升课程教学水平，促进学生和教师的共同发展。

最后，随着高校逐渐拥有办学自主权，开始面向社会开放办学，这将要求高校课程管理制度改革应顺应社会发展，满足社会发展的需求。社会力量也成了课程管理的利益主体之一。通过课程管理制度改革，让社会力量切实参与到课程编制和课程评价及监督等过程中，为制度改革及时提供反馈意见，促进课程发展，实现人才培养目标，满足社会的利益所需。

（四）高校课程管理制度改革的价值取向

高校课程管理是高校教学运行的核心，而高校课程管理制度改革的价值取向则是高校教学运行机制的方向和灵魂。不同历史阶段，高校课程管理制度改革的价值取向有所不同。在计划经济时期，高校课程管理制度改革秉持以社会本位为中心、人才本位为辅助的价值取向。随着计划经济向市场经济转型，传统的价值取向已不再适应社会经济发展，也与课程改革目标不相符合。社会市场经济发展对高校课程管理制度改革的价值取向提出了新的要求，即要求高校课程管理制度改革应倡导"以学生为中心"的管理理念，提升人才培养质量，并实现多元利益主体参与的利益所需。

1. 提高人才培养质量

人才培养既是高等教育职能之一，也是高等教育的主要任务。从本质上来看，人才培养质量能具体体现高等教育质量的优劣程度。提高人才培养质量，不但需要改观人才培养理念，培养学生的创新精神，而且需要改革课程教学方式，提高学生的实践能力，促进创新人才培养。然而，无论是人才培养理念的改观，还是课程教学方式的改革，都需通过高校课程管理制度改革得以实现。一般而言，高校课程管理制度改革是提高人才培养质量的重要途径，是教育理念转化为教学实践的运作范式。

一方面，需从理念入手。高校应树立先进的理念，引领高校人才培养，把提高人才培养质量放到首位，坚持质量至上、内涵发展的质量观，围绕"培养具有实践能力、创新能力和动手能力的高素质应用型人才"的目标，以提升课程教学质量为基准，建立课程教学质量监控体系，健全课程教学评价机制，使人才培养过程更加规范化和科学化，以此保障人才培养质量；

另一方面，需从实践着手。一是学校应以"培养具有较强的创新意识、良好的人文、科学素质以及较强的独立学习能力的人才"作为培养目标，转变传统的课程教学方式，探索新的课程教学方式。在课程教学过程中，打破机械式、被动式的"传授—接受"教学传统方式，采取课程研讨式、案例分析式的"问题—发现"创新型教学方式，激发学生学习的创造力，培养学生的思维能力。二是学校应以强化学生的实践能力和创新能力作为培养目标，进行课程实践教学。例如，通过创建实践教学的良好环境，完善实践环节的教学体系，鼓励学生参加各种实践活动，提高学生的实际操作能力。另外，通过构建专业课程与通识课程相结合、课内与课外相结合、人文素质与科学素质相互渗透的教学体系，使课程体系趋于综合化和多元化，从而为学生提供多样化选择，促进学生个性化发展及创新能力的提升，保证创新人才培养目标的达成。

2. 以学生发展为本

从理论而言，高校课程管理是"以学生发展为本"的实践活动，其中学生既是课程作用的客体，也是课程建设的主体，理应在课程管理过程中扮演重要角色。而课程教学实践活动需要制度加以规范，以此实现学生发展。因此，以学生发展为本既是课程管理制度的出发点，也是课程管理制度的归宿点。

（1）尊重学生的个性化需求，创建以学生发展为本的课程教学体制

一方面，改革课程教学模式。以学生发展为本，把学生看作是教学活动的主体，通过开展启发互动式课程教学模式，让每一个学生都参与到课程教学活动中，充分调动学生学习的主动性。启发互动式课程教学模式实质上是在教师的正确引导和启发下，学生自主创设学习情境，自己提出问题、探索问题、研究问题，最终寻求结论。教师在进行课程教学时，应以学生为本，充分考虑学生的感受，并为学生提供自由发表见解的机会，给予学生充足的学习空间，促进学生自由发展。通过开展启发互动式课程教学模式，打破了"一言堂"的传统课程教学，鼓励学生参与其中，提高学生主体地位，促进学生自主学习、自主思考能力的提升。另一方面，创新课程教学内容。课程内容创新是培养创新人才的基本要素，通过课程内容创新，使课程以标新立异的姿态展现于学生面前，促进学生创造力发展。当然，教师自身应具备较高的审美观和创新思维，能站在学生的角度与立场实施教学，满足学生不同的个性需求，促进学生个性化发展。

（2）把以学生发展为本的理念融入课程管理全过程，创建为学生服务的有效机制

首先，把以学生发展为本的管理理念贯穿于整个课程管理过程中。一是课程决策方面。一般而言，高校课程决策是一个民主开放、自下而上的决策过程，其不仅包括高校行政管理人员和教师，还涉及学生的参与和互动；如果课程决策缺乏民主性，导致学生无法参与，那么校本课程开发工作就会难以开展，进一步阻碍学生发展。因此，应创造机会让学生参与到课程决策中，使其体会到自身在其中的主体地位，激发学生学习的热情，促进学生发展；二是课程实施方面。课程实施的前提是课程实施方案的制定。而制定课程实施方案除了需遵照课程文件有关规定外，还必须依据学生的身心发展特点。同时，在教学实施过程中，教师的教学着眼点要放在促进学生发展上，并把教学主动权分给学生，促使学生主观能动性的发挥；三是课程评价方面，学生是课程的实践者与体验者，对高校课程有不同的感受，能对课程能做出客观的评价。因此，在课程评价方面应把学生视为评价主体，引导学生对课程进行自主评价，形成以学生为本的评价机制。这样，既调动了学生学习的积极性，促进学生发展，也使课程评价功能得以实现。

其次，人才培养是高校有关人员参与课程管理运行的系统工程。在高

校课程管理过程中，每个成员都应秉持以学生发展为本的理念，为学生服务。一是高校行政管理人员在课程管理制度制定上，应祛除"自上而下"的管理理念弊病，保障学生课程权力，满足学生发展的需求；二是高校教师在课程教学设计上，应根据学生多元化和个性化需求，设计不同的模块化课程教学方案，为学生实现个性化发展服务。此外，其他人员在提供课程教学资源上，也应以为学生服务为前提，从实践出发有效引导和整合教学资源，把有助于学生发展的教学成果引入课程管理中，建立课程教学资源多元化。例如，某高校通过校企合作，将前沿项目引入到大学生毕业设计和工程实践中，促使前沿行业知识与学生所学课程相融合，为学生掌握前沿知识服务，并在专业人士和教师的指导下，利用此平台开展各式各样的教学实践活动，促进学生实践能力和创造力的提高。

3. 实现多元主体的利益诉求

就实践方面而言，课程不仅是高等教育活动的核心，也是高校课程教学的基本单元，直接影响人才培养质量。随着高等教育大众化发展，人才培养质量问题引起了教育界及社会人士的广泛关注，并期望通过课程管理制度改革提升人才培养质量。课程管理制度改革是否有效将会决定人才培养目标的实现程度，进一步影响多元主体的利益诉求。

（1）实现政府政治与经济价值的利益诉求

我国高校主要由政府出资办学，政府不仅作为主要出资人，而且是高校办学的监督者和管理者，他们希望高校能履行其职责，以获取自己的利益诉求。一方面政治利益诉求，即通过高校培养高层次人才，促进政治社会化的实现，进一步推动国家民主政治的发展；另一方面经济利益诉求，即通过与高校、社会的互动与合作，促进区域经济的发展，提升劳动者的综合素质，提高工作效率，进一步开发服务技术，培养所需的高端技能型人才。

（2）实现高校教职员工自身价值的利益诉求

就管理者而言，不仅包括校长，还包括院长、系主任以及其他教学管理人员。他们是课程教学管理的组织者和服务者，在课程管理过程中起到组织、领导和协调作用，他们希望用较少的课程资源和较低的教学成本，实现高水准的教学质量和课程质量，实现人才培养质量提升。对教师而言，教师是教育产品的生产者和创造者，会直接影响人才培养质量，因此教师是最核心的利益诉求者。他们希望有权力参与课程管理，给予其应有的社会地位和人格的尊重，并以身作则完成教书育人使命，得到组织对其课程教学能力和成果的认可，实现个人自身价值。

（3）实现学生人力资本增值的利益诉求

高校之所以存在，学生是主要原因，无论是课程教学质量提升，还是人才培养目标实现，毫无疑问学生具有实质上的合法性。他们希望有权力参与课程管理，获得所需的知识和技能，提高综合素质和就业能力，以此满足自身发展需求，从而使个人资本增值的利益诉求得以实现。

（4）企业等社会力量投资回报的利益诉求

他们是课程教学和科学研究的主要合作者和支持者，企业期望高校能为其提供高素质人才，正如知识生产的溢出效应一样，对企业发展起到带动作用。同时，企业也是高校进行课程实践的投资者和提供者，通过为高校提供科研场所和实践基地，让高校能更高效地利用资源，提高办学效益，提升人才培养质量，为企业提供所需的技术和人才，以此实现投资回报的利益最大化。

第二节　学生教师管理体制

一、高校学生管理工作概述

高校学生管理工作既是职业的一种类别，也是高校教育中的一项基本任务。高校的主要任务是培养高素质、高技能的人才，以满足社会发展对人才的需求，为国家的发展建设培养接班人。高校对人才的培养不仅是专业知识和技能的传授，还包括对学生的适应能力、人格形成、道德建设等多方面素质的培养。高校学生管理不仅为高校教学服务，更对学生形成正确道德观、价值观、人生观具有重要的作用。高校学生管理工作经历了长时间的探索和发展，在管理体系、管理理念、管理方式和人员配备方面日趋成熟。

高校学生管理是一门具有很强实践性的学科，它将教育学、管理学、心理学等多种学科加以融合，具有综合性特点。随着教育改革的持续进行，高校学生管理工作不断探索、不断发展，已从重单方面的强制性的说教、灌输模式逐渐向以人为本、服务化和制度化的方向转变。高校学生管理工作涵盖范围广泛，以引导学生思想的正向发展、为学生生活需要服务、指导学生就业发展、对学生进行心理健康的维护等多方面为工作内容。长期以来，国内的高校并没有将学生管理工作作为一个单独的学科，高校的行政化管理机制使工作在一线的学生管理从业人员仅作为管理工作的执行者，管理实权和自由决策力的缺乏，使其并不属于真正意义上的学生管理。这一点，国内与西方高校学生管理方面有很大的差异，在本质和境界上都存在较大的分歧。要从根本上提高我国高校学生管理工作，就应该向西方国家学习，走科学化的发展路线，既要有明确的管理目标、完善的管理体系、正确的管理理念，还要有高素质的管理人员职业发展与培训规划、方法，建立职业化、专业化、高素质化的高校管理工作人员队伍，这对于高校人才的培养具有重要的意义。

二、高校学生管理走专业化发展道路的必要性

高校教育是国家人才培养的重要行业，为社会各行各业的发展培养专门的人才，是国家发展的主要推动者。任何一个行业的发展，都是从不成熟到成熟再到专业化的过程，每一种行业分工最终的发展趋势都是具体化、专业化。职业发展的专业化无论对于从业者本身的发展还是整个行业的发展都具有非常重要的意义。学生管理的专业化是将学生管理工作作为一个专门的学科类别，同会计、法律、金融等专业一样，具有更强的专业性。从业人员也同其他从事专门性职业的群体一样，具有更专业的知识素养，为社会培养本行业的专门人才。现今我国高校学生管理工作对管理和被管理两方来说，是服务与被服务的关系，强调的是双方之间的互动性。学生是服务的主体，占据着主动的地位。为了满足对新一代大学生的管理需要，高校学生管理者必须了解现代大学生的心理特点，用更加专业的知识和理论，采取更加专业的管理方法，做好现代高校学生的管理工作。

传统的观念认为，高校学生管理工作者不需要像高校中的专业教师那样具有高学历、高知识储备，无论谁来干都可以胜任此项工作。其实从本质上来说，高校学生管理工作是集教育学、管理学、心理学于一体的综合性学科，其专业性更强，专业要求更高，从事学生管理工作的人员在专业素质方面的要求更高，而且要具备丰富的实践经验。具体来讲，学生管理工作人员不仅具有教育学、管理学、心理学等学科理论知识的储备，还要具有能够亲力亲为指导学生的社会实践工作、学生的日常工作、学生的心理健康、学生学习生涯的规划、各种专业特色研讨会的开展、学生活动的组织以及学生就业指导等实践性强和业务性强的职业素养。

在国外学生管理工作从业人员都受过高校管理工作的专业教育，国家也会专门针对学生管理工作开展专门的业务培训。在我国国内的学生管理工作从业人员素质良莠不齐，理论知识储备欠缺，专业化程度低，而且执

行行政式指令的工作模式，工作缺乏针对性，学生管理工作缺乏完善的管理体系和有效的管理制度，人员流动性大，学生管理工作很不理想。因此，学生管理只有走专业化的发展道路，才能从根本上提高学生管理工作的质量，为高等教育事业服务。

随着高校教育改革的深化，高校内部管理进行着根本上的更新和变革，学生管理工作已经呈现出专业化的发展趋势。职业经过分化和发展，必然形成专业，从而形成强调专业知识和技能的职业。从职业分类的角度分析，专业是指群体经过专门的教育学习和训练，具有高深的、独特的专门知识和技术，按照一定标准进行职业活动，从而解决人生和社会问题，促进社会进步并获得相应报酬待遇和社会地位的专门职业，可以说，现如今高校学生管理工作已符合职业专业化的标准，现在学校管理学知识体系日益完善，在国内的高等院校的教育学院都有教授教育管理学的内容，在一些高校管理中已经有自己特定的管理方式和技术形成。另外，在高校内部对学生管理工作从业人员的知识技能已经有了一定的要求和标准，高校越来越重视学生管理工作从业人员的业务培训。而且，从社会角度来看，高校管理职业在社会中已经作为一个职业阶层存在。

高校学生管理工作者作为高校教育管理专业人员，获得系统而明确的专业理论知识是专业发展的又一重要维度。高校管理的教育性、综合性与复杂性要求高校学生管理工作者更应具有符合教育者、领导者和管理者角色要求的知识结构。专业伦理是高校学生管理工作专业最根本、最直接的体现，它包括从业者的职业道德、行为规范以及高校学生管理工作者的专业态度和动机，而专业态度和动机又是专业特征形成和发展的动力和基础——自我专业发展意识是保证高校学生管理工作者不断自觉地促进自我专业发展的内在主观动力。

三、高校学生管理工作专业化的制度保障

高校学生管理工作受多方面因素的影响和制约，学生管理工作制度不仅是高校学生管理工作中最重要的影响因素，而且是学生管理工作开展的基础，为学生管理工作的贯彻落实提供制度支撑和保障。对于高校的发展而言，不但要加强硬件方面的建设，努力提升学生管理工作的实用价值和实际效果，在软件方面要建立健全学生管理工作制度，为学生管理工作的开展提供有力的制度保障。

（一） 以制度形式明确学生工作管理的地位

高校出台的一系列制度、规则或者年度工作规划要明确学生管理工作的地位，不仅为学生管理工作提供制度支撑、还要有一定额度的配套服务经费的划拨，在经济上给予支持，从制度和财力、物力等方面共同为学生管理工作的有效、健康发展提供支持和保障。随着教育形势的发展，高校学生管理工作应该与时俱进，根据形势的变化及时做出调整，使其与社会和教育的发展相适应。在当今社会上普遍存在一种现象，学生在校期间对学校的管理认可并服从，但是走出校园步入社会后，受社会转型期的影响，加上经验的欠缺，对社会现象缺乏自我辨识能力，导致缺乏主见，将在校期间学生管理给予的意见和指导忘记或者忽略。因此，明确学生管理工作在学校总体工作中的地位，遵循学生管理工作的服务宗旨，建立健全相关人员准入、考核、评比机制对提高学生管理工作十分重要。

（二） 以制度形式确保学生管理工作岗位的职业化

高校学生管理工作岗位具体包括对学生进行思想政治的管理、心理健康的管理，为学生就业提供指导、进行法律法规教育、进行学生社会实践管理等。这些工作细化到学生管理工作的各个部门，对于部门岗位，应该建立明确的制度和规则，为管理工作的执行提供保障，确保岗位工作人员具有过硬的专业知识和专业技能。岗位人员在选拔和聘用的过程中，除了理论基础知识以外，对于思想政治岗位的工作人员要求具有本专业的知识素养，心理健康管理岗位的工作人员要求具有心理辅导的经验，并通过国家认可的职业资格认证考试；在法律教育岗位的工作人员要具有法律专业知识并具有丰富的经验，这些岗位都需要有规范的制度提供保障。

（三） 采用艺术性学生管理模式、制度激励创新

高校学生管理工作的主要对象为大学生，大学生是青年群体中的典型，具有自身的特殊性。在大学生群体中工作，为他们提供服务，对各种事件处理得好坏直接对大学生人格的形成和社会认知以及人际关系的培养有着重要影响。因此，艺术化学生管理培养模式，使学生在接受学校管理工作过程中，不流于表面，而是发自内心的认可。将教育管理深入到学生的内心，使学生在社会交往的层面上得到正确的认知，这是学生管理工作的意义所在。以制度化的形式采取适度的激励，使学生管理工作人员优秀的工作表现和成果受到认可和鼓励，会激发工作人员的工作积极性，对工

作更有兴趣，勇于创新，从而在整体上提高学生管理工作的质量。

综上所述，高校学生管理工作的职业化强调高校学生管理工作是一个独立的社会职业，而高校学生管理工作的专业化则要求提高高校学生管理工作从业人员的专业水平。通过高校学生管理工作专业化，进一步发展高校学生管理工作的专业精神、专业知识、专业能力和专业伦理，提高高校学生管理工作者的专业水平。

四、我国高校学生管理体制的发展趋势

高校学生管理的目标应是促进学生发展，同时包含教育、管理、服务职能。在未来学生管理过程中以生为本，充分发挥高校学生管理的育人功能，注重学生思想品德素养，促进学生自主发展，采用服务型行政事务管理方法，满足学生合理性需求。高校学生管理者在学生管理过程中只是起着辅导的作用，充分体现学生的主体地位，信任学生的自我管理能力，以"思想政治教育+服务+学生自主发展"为理念开展学生管理。

（一）未来高等教育在校学生的特征

1. 个人主体意识彰显

随着改革开放的不断深入，市场经济体制的确立，社会经济利益分配沿着竞争规律流动，市场经济的一个突出特点是按照市场法则平等竞争。社会政策对个人利益表示承认和肯定。因此，市场经济不仅从经济上要求独立个人的形成，而且在观念上要求强化人的主体意识。

当前以及未来的高校学生处于市场经济这一大环境，首先应具有较强的自主意识。这种自主意识一方面表现为要求对自身价值、自我尊严的追求；另一方面表现为自我意识、民主意识、平等意识等新观念的兴起。就业市场的竞争，关心个人发展机遇，自立、竞争、公平、效率等时代意识强烈，这使高校学生更加注重自我完善，表现出对市场经济亟须的新知识以及新技能具有强烈的求知欲高校学生积极思考并明确自身价值，及时确定人生坐标，最大限度地实现自我价值。面对自主意识不断强烈的高校学生群体，高校应当更新学生管理理念以符合学生特点，树立"思想政治教育+服务+学生自主发展"的学生管理理念，促进学生发展。

2. 注重个人创新意识培养

未来的高校学生首先具有较强的自主意识，其次注重个人创新意识的培养。创新是一个民族进步的灵魂，是一个国家兴旺发达的不竭动力。

1998 年世界高等教育大会提出："培养学生首创精神和学会创业，应引起高校的重要关注，目的是使毕业生更容易立业。高等学校的毕业生不再被称为求职者，相反，他们更将成为创业者。"21 世纪是知识经济的时代，知识质与量的不断更新与增加，技术革命成果不断涌现，要求高等教育必须把重视创新精神、注重实践能力、突出个性特色的人才培养作为我们未来工作的重要目标。

随着我国不断推进经济发展方式的转型，致力于将我国建设成为创新型国家，而这需要创新人才的大量涌现。作为 21 世纪的高校人才，应该具备创新精神。未来高校对优秀学生的界定不单只看学习成绩，创新意识应逐渐成为评定学生优秀与否的参考依据。学生对事物所持有的兴趣与好奇心是培养学生创新意识与创新精神的前提条件，要激发学生的学习兴趣和好奇心，高校在学生管理过程中应做到以下四点：第一，营造利于学生独立思考、自由探索、勇于创新的良好校园氛围，尊重学生的个人选择，善于挖掘学生个人的潜力，鼓励学生个性发展、自主发展；第二，建立有利于选拔创新人才的制度；第三，制定评价创新人才标准；第四，制定灵活多样的课程选修制度，给予高校学生条件支持，开展国际合作等方式，从而培养具有创新精神和创造能力的人才。

（二）"思想政治教育+服务+学生自主发展"的学生管理理念

存在主义哲学理论与学生发展理论是学生自主发展理念的重要理论支撑，未来高校学生中应以哲学和心理学理论为基础，树立"思想政治教育+服务+学生自主发展"的学生管理理念。

1. "思想政治教育+服务+学生行主发展"的学生管理理念理论基础

（1）存在主义哲学理论

存在主义强调人的存在先于思维、行动，重视个体独立性的存在。人不仅存在理性的一面，也有非理性的一面，追求的是多样的发展，而不仅只是掌握更多的理性。尽管个人发展方向不同，但自我提升的权利是平等的，因此应相信每个人自身都具备独立性、责任性和社会性。存在主义认为学生管理者应激发学生的主观能动性，培养学生的独立性、责任感和社会性行为，为学生的学习提供便利，促进学生自主学习。学生管理者应为学生自我合理需要提供服务，与教学工作者一起为促进学生的自主发展而共同努力。

（2）心理学理论

时至今日，美国心理学理论已相当成熟，我国也不断向其学习、吸收、借鉴。学生发展理论对高校学生管理工作有着重要指导作用，其中主要是关于人的发展，认知和道德的发展。

关于人的发展，美国著名精神病医师艾里克森提出心理社会发展阶段理论。主张人的一生可分为连续而又各不相同的八个阶段，每个阶段有其特定的发展任务，并且带有普遍性的心理社会危机。大学生处于成年早期，这一成长时期的主要发展任务是获得亲密感，避免孤独感，良好的人格特征是爱的品格。尽管艾里克森并没有非常详细地研究大学生这个群体，他更多的是从出生到衰亡整个人生历程来划分和研究。但他认为，社会环境决定着心理危机能否得到有效解决。

高校学生管理工作要根据学生相应的发展任务，提供学生需要的辅导，把握学生心理发展规律，帮助学生解决心理困境，传授有关心理知识与技能，增强学生的抗压能力，获得良好的心理特质，促进学生自主发展。

关于认知和道德的发展理论。瑞士心理学家皮亚杰提出认知发展的本质是适应，而适应的实质是主体与环境的平衡。平衡是主体发展的心理动力，人一生下来就是环境的主动探索者，不断地去追求符合环境要求的动态平衡状态。

关于道德发展理论，美国儿童发展心理学家柯尔伯格通过著名的海因兹偷药事件，根据被试者提供的判断理由，分析其中所隐含的认识结构特点，划分出道德发展的三个水平和六个阶段。柯尔伯格认为道德发展具有固定不变的顺序，环境和社会文化因素可以决定道德发展的内容和速度，但不能影响道德发展顺序。

皮亚杰的认知发展理论和柯尔伯格的道德发展理论都说明了环境对人的认知和道德的影响，对于学生来说，学校这个环境有着举足轻重的地位。因此，高校的学生管理工作应借鉴学生发展理论为树立"思想政治教育+服务+学生自主发展"的学生管理理念提供参考依据。

2. "思想政治教育+服务+学生自主发展"的学生管理理念分析

"思想政治教育+服务+学生自主发展"理念主要基于哲学和心理学理论提出。党的十八大报告提出立德树人是教育的根本任务，为该理念的实现提供了强大的支持。在学生管理实践中，高校要加强对学生的思想政治与思想品德教育，应采用服务型行政事务的管理方法，促进学生的自主发展。

（1）加强高校学生思想政治与思想品德教育

提出"思想政治教育+服务+学生自主发展"的学生管理理念，首先应加强对高校学生的思想政治与思想品德教育。从古至今，我国就一直重视学生的品德、道德。《左传》记载：太上有立德，其次有立功，其次有立言，虽久不废，此之谓不朽。意思为，道德修养是人生的最高境界，其次是建功立业，再次是著书立说。树立道德是人生的第一位。学生的品德教育是教育家陶行知身体力行的教育，道德自律的办法是他在教育学生一贯的要求。当人们对自己的罪行或过失负有责任时，就会产生强烈的不安、羞愧和负罪的情绪体验，即内疚。内疚者往往有良心上和道德上的自我谴责，并试图做出努力来弥补过失。适度的内疚感有益于改善人际关系，更好适应社会生活，而过多的或过少的内疚感不利于身心健康发展。因此，个人的道德是社会公德的基础，只有个人的道德建立起来，才有资格谈及社会公德。光有品行没有知识是脆弱的，但没有品行光有知识是危险的，是对社会的潜在威胁。教人做人是高等教育的重要目标，高校学生要做有道德的人，只有在道德的基础上，才能做人中人，即做追求真理的真人，在追求真理的道路中，敢于做有创造的人，敢于作为真理而献身的人，将真善美的人格集于一身，是高等教育未来应追求的宏伟蓝图。

党的十八大报告首次提出立德树人是教育的根本任务，这种新颖的观念为我国高等教育的未来发展指明了方向，并为指导学生管理工作提供有力的政策支持。对丰富高校学生管理理念而言，落实立德树人要坚持一切从培养创新人才出发，将科学精神、思想品德、实践能力和人文素养的培养贯穿于人才培养的全过程，着力提高学生的社会责任感，培养学生的创新精神和实践能力，加强学生的思想政治与思想品德教育。

（2）采用服务型行政事务管理方法

设立完备的学生管理机构服务于学生需求，更直接地为学生学习提供便利，将高校学生事务管理与学术管理结合起来，共同促进学生学习和个人发展。学生与学校的关系是平等对话的关系，学校尊重学生的权利与人格，关心学生的学业进步、品格塑造与心理养成，通过各种服务型事务类的管理，为学生的学习、生活服务及自主发展提供保障。

（3）深化学生管理体制改革，促进高校学生管理民主化

我国高校管理制度不断地深化改革，推进民主化。赋予教授在学术事务管理中更大的决策权力，是未来我国高校管理走向民主化的一大表现。而推进高校管理民主化的另一重要表现是在高校学生管理方面．给予学生更多的自主管理权力。高校应从四个方面努力：第一，制定相关制度鼓励学生进行自主管理，在宏观上给予方向性指导；第二，鼓励学生参与高校学生具体事务管理；第三，鼓励学生成立各种社团，如学生会、青年志愿者协会、管理日常学生事务；第四，学校设有主管学生工作的机构，在宏

观层次上给予指导，负责审批学生社团，指导学生会的开展。学生管理是以学生发展为导向的教育活动，最终目的是服务于人才培养，学生得以成长成才。

通过学生自我管理从而促进学生自主发展，是高校学生管理的最高目标。高校在学生管理过程中需营造宽松的氛围，让学生自主发展，尊重学生个体选择，充分发挥学生的个人兴趣与特长，挖掘每个学生的优势潜能，这是未来高校学生管理所追求的。而要达到学生自主发展，需要在教育价值取向上确立个体人的生命价值，而不是强调教育的社会工具价值，树立正确的学生观，在学生管理过程中重视学生的需要、兴趣、创造力和自由，充分尊重学生的尊严、潜能和价值，重视培养学生的主体性，使学生成为有进取意识和创造精神的社会主体。

我们要将"思想政治教育+服务+学生自主发展"的理念贯彻到高校学生管理工作之中，不仅在观念上重视学生的思想政治教育，最重要的是将学生的思想品德教育落实到实际管理中去。采用服务型行政事务管理方法，满足学生各种服务型需求。高校学生管理者在学生管理过程中只是起着辅导的作用，只有充分发挥学生的自我管理能力，营造宽松的氛围，才能促进学生的自主发展。

五、高校学生管理人本化取向体制的创新策略

教育的发展、管理制度建设的出发点就是要把学生的根本利益和发展放在首要位置，真正将以人为本的科学发展观运用到具体的教育管理实践之中，针对目前高校学生管理制度人本化缺失的问题，首先要从建构人性化制度着手，从促进学生全面发展的角度出发，坚定"以人为本"的信念，赋予学生应有的权力并建立健全柔性管理机制，加强高校人本化学生管理来顺应当今高校学生管理制度的需求并且弥补制度的不足。

（一）坚持"以生为本"的管理理念

建构人本化高校学生管理制度，转变传统的高校学生管理思维，树立"以生为本"的管理理念，实现学生的全面发展是现代高校教育的出发点和落脚点，实现高校学生人本化管理制度是创新探索符合高校学生心理行为新特点的管理模式，是做好高校学生管理的基础和有效途径。"以生为本"的理念是人本化管理理念的题中之意，"以生为本"应以满足学生需求、促进学生发展、实现学生价值为本，"以生为本"最简单的理解就是

"把满足学生的需求作为学生工作的目标和核心"。做到以学生为先，把学生的培养放在高校一切工作的首要位置；以学生为重，不能因为突出科研工作、国际交流、教学质量等忽视学生管理工作；以学生为主，不仅充分尊重学生的主体地位，而且要在管理中以学生为主，让学生自我教育；以学生为荣，把培养高素质的学生和学生取得的荣誉看作各项工作最大的成绩。随着教育的发展、管理制度的改革，高校学生管理的出发点更是要把学生的根本利益和发展放在首要位置，真正将以人为本的科学发展观运用到具体的教育管理实践之中。

1. 坚持"以生为本"，构建生本体思维

长期以来，在高校学生管理工作中，管理者和学生这两个主体之间处于一种不平等的地位，高校往往把学生管理工作宏观地看成高校工作的一个环节，从学校利益衡量学生的管理。相比之下，忽略了学生主体的需求，严重束缚了学生的自我意识、独立意识和主人翁的意识。"以生为本"的管理理念，要求学生管理工作者打破传统的"以师为本"或者"以校为本"的管理理念，充分认清"我是谁""管理依靠谁""管理为了谁"，从学生管理工作的实际、学生这个核心群体的实际出发，考虑主体的根本需要，针对学生的特点，尊重学生的权利，侧重发挥管理者的激励引导作用特别是在保护学生合法权利上，不能以片面的集体主义牺牲学生的合法权利，提高对每个学生个体的重视程度，使学生获得全面个性的可持续发展，使国家与学校的人才培养目标和学生的成长需求相结合，从而得到真正的统一。

2. 坚持"以生为本"，突显管理型服务

现代高校管理理念普遍认为对学生的管理实际上都是为学生的成长和发展而服务的。学生在发展的过程中需要什么样的管理，高校就应当把这种管理作为一种服务提供给学生，而不是把这种管理当作一种资本凌驾于学生之上。这种服务型管理把管理学生、教育学生和服务学生三者有机结合起来，特别是要突显管理服务于学生的理念。在管理制度建设、规章制度的定制上、管理者的管理实践和实施上都要摆正自己的位置，树立管理服务而不是服务管理的意识。彻底改变过去片面强调学生对整体社会的价值义务，把学生的主体价值放在社会整体价值之内充分满足学生的生存和发展需求，促进学生个人价值实现和集体价值实现的有机统一。这既是现代教育的发展趋势，也是新形势下实现管理型服务的现实需求。

3. 坚持"以生为本"，影显个性化发展

由于内外环境的多样化，每个学生必然存在着不同程度的差异，并且这种差异很难随着主观意志的转移而转移。以生为本就是要承认并尊重学生的个体差别和个性差异，顺应学生身心发展规律，因人而异，因材施教。高校大学生都是具有独立思考能力的个体，是充满朝气和活力的，同时这个群体也引起社会各界的高度重视并给予厚望，因此在尊重学生个性差异的基础上，还要从整个国家和民族的高度对学生进行引导、规范和管理。从学生个人的内外成长环境上看，学生在个人认知和性格特点上都存在着差异，因此在注重学生差异化的基础上，还要对学生个人的成长道路、思想道德等进行有针对性地引导。在学习和生活当中需要让每个人的思想都能在这个群体中闪光，并不强调大家的思想高度一致，强调思想一致对一个大学的管理是非常不利的，完全不同的甚至对立的思想互相碰撞，这样的大学才是一个有创新机制的大学。

（二）更新优化学生管理制度体系

制度伦理化和伦理制度化都属制度伦理研究的范畴。制度伦理化是指社会体制的道德性，表现为内在于一定体制的制度、法律、法规、政策、条例等所分配权利和义务的公平性和合理性；伦理制度化是指人们把一定社会的伦理原则和道德要求提升，规定为制度，并强调伦理的制度化、规范化和法律化。无论是制度的伦理化还是伦理的制度化，对实现当代高校学生管理制度体系都有理论意义和指导意义。

制度伦理化与伦理制度化是密切制度与伦理之间关系的两种不同思维路向，前者重在对制度本身进行道德上的评判和矫正，通过内容的建构促使伦理原则和道德观念在制度中的渗透与落实；后者强调将某种社会倡导、公众认可的道德规范转变成为具有强制效力的制度。两者在管理秩序的重整与道德建设中发挥着各自不同的功能。在构建人本化高校学生管理过程中，制度的伦理化更应当成为制度优化、创新的首要选择。制度应该伦理化，不合乎伦理的制度是没有生命力的；同时，伦理也应该制度化，符合人们广泛认同的道德标准和审美取向的伦理通过制度化以后，更有利于发挥其作用。学生是高校最核心的主体，是高校服务的对象，高校的责任和义务就是帮助学生实现全面发展，现行的高校学生管理在理念和应用中，都不同程度违背甚至超越蕴含在高校学生管理中的伦理，而符合伦理的却还未形成制度。当前，高校正处于全面改革的阶段，在高校学生管理制度创新的过程中要坚持制度的伦理化、伦理制度化"两手抓"。对不符合伦理规范的制度进行调整，补充符合伦理规范的新制度，这本身就是一种重要的创新。

1. 更新学生管理制度体系建设理念

(1) 融入文化管理机制

在高校学生管理的实践中，全面提高学生的自我约束能力和理性自主能力是高校管理发展永恒的追求。人类的基本行为是由文化来决定的，由于文化的变化很大，所以对人性唯一正确的判断是它的可塑性很大。人与文化的关系是密不可分的，文化可以塑造人、引导人、管理人。高校人本化学生管理就是要突出学生在学习和生活中的主动性、主体性和自觉意识，高校管理文化不仅包含育人理念，学术发展空间，办学特色等要素，也包含管理人员所形成的管理文化，每一种文化的形成都是多种文化主体互相协调、作用而成的，高校人本化学生管理最重要的目的是唤起学生的文化自觉性，用优秀的文化潜移默化影响学生的行为，最终形成文化管理。以文化来取代制度，当然不是取消制度，而是制度要人文化，具有人文色彩，充满以人为本的文化温情。因此，高校学生管理制度应该与人文精神，价值观念，行为准则和道德规范融为一体，得到学生对高校的管理理念和管理价值取向的高度认同，提升学生的使命感、责任感与荣誉感，增强学生对学校文化的向心力和凝聚力。刚性的制度管理为文化管理起到了重要的保障和支撑，文化管理使制度管理得到升华，文化管理充分体现了高校作为文化机构管理的科学化、人本化。

(2) 建立柔性化管理机制

传统的高校学生管理理念强调的是对大学生的思想和行为进行严格的要求和规范，强制性特征明显，学生管理部门和管理者往往对学生采取"压"这种硬管理的方式，直接导致管理者和被管理者在情绪方面的对立。因此，要把传统的服务于管理的观念向管理服务的观念转变。建立柔性化管理机制，需要做到以下几点。第一，要建立"以学生为服务主体"的观念，把服务学生作为出发点和归宿点，想学生所想的最主要的问题，关心学生关心的最主要的问题，解决学生最渴望解决的问题。第二，柔性化的管理机制要把激励引导当作学生管理的主要手段，通过制度上的激励引导学生树立远大理想抱负，专注求学，养成科学的思维方法，特别是在学生的思想"总开关"上下文章，指引学生把个人的成才梦和伟大的强国梦有机地统一起来。第三，柔性管理机制的建立要把学生的主体创造性放在重要的位置，不能像过去那样，只谈义务不谈权利，要明确告诉学生在校期间享有的合法权利和应当履行的义务，把权利和义务写进制度的高度并加以保护，在保护学生的权益方面，特别是在针对学生的处分决定，要做到程序正当、证据充足、依据明确、定性准确、处分恰当，避免学生和管理者产生硬性冲突，学校对学生的处分或处理要认真贯彻《普通高等学校学生管理规定》，学生享有陈述、申辩和申诉的权利，学校要有明确的程序并予以确保。第四，建立柔性化的管理机制要发挥学生主体能动性，变被动管理为自我管理。高校学生管理工作应当充分发挥学生的力量，变被动服从管理为主动参与管理，这种转变是民主理念的要求，也是缓解消除高校学生管理中的矛盾和抵触情绪的重要手段，这种管理不仅促进了高校学生管理的发展，而且培养了高校学生骨干的能力素质，有助于高校学生培养自主、自立的意识，逐步消除对家庭、社会、学校的依赖，使学生在思想上得到进步。学生参与到管理中也是对管理工作理解的过程，通过这种过程，高校学生不仅得到能力素质的锻炼，更是对制度存在的主观情感的转变。第五，柔性管理机制的建立要与高校文化繁荣发展接轨。近年来，高校文化在社会文化大繁荣、大发展的背景下也日益呈现出多样化发展，这种软的因素对学生心理和思想因素的影响也日益凸显，从正式上讲，这种文化的导向集中体现在大学精神的凝练，非正式来说，就是存在高校各个角落的文化活动。这种蕴含在文化活动中的价值引导力，最容易被学生接受，对学生的作用力不容忽视。因此，在建立柔性管理机制的同时，应当深刻把握文化对学生产生的深远影响，特别是在西方文化大肆腐蚀青年学生的背景下，更要在意识形态领域加强对学生的管理服务。

（3）建立制度反馈机制

及时做好学生意见的处理工作，是新时期制度改革所面临的重要任务。高校要建立健全有效的学生制度反馈机制，在信息交互和反馈的过程中，学生意见的反馈和解释直接关系到制度的合理性、执行力与落实情况。学生与管理者之间可以相互表达自己的想法、倾听他人的意见，有利于达成共识并形成共同的愿景。学校应该设立学生管理制度反馈部门，收集学生对学校管理制度的意见，高校各职能部门将收集的信息进行分析整理，研究并制定改革方案。同时，要做到反馈及时化、经常化、规范化。学校要向学生公开学校工作计划、进程等相关内容，学生应享有对高校各个职能部门的监督权，确保高效管理制度民主化，规范化。高校要从人本化的角度对学生权利制度进行完善和重构。

2. 优化学生管理制度体系实现途径

为了进一步推进人本化高校制度建设的进程，顺应我国国情和时代的要求。

（1）推进政校分开、管办分离

将现代学校制度的实施进一步深化，积极探索适应我国高校实情和学生发展的管理制度，从宏观的角度上，要努力构建政府、学校、社会之间的新型关系。克服行政化倾向，改变当前中国高校的隶属关系，把高校从国家的行政体制中脱离，取消实际存在的行政级别和行政化管理模式。

（2）落实和扩大学校的办学自主权

围绕《高等教育法》规定的七个方面的办学自主权，以转变职能和改变隶属关系为重点，加强高校在办学方面的选择。具体来说，要自主开展教学活动、科学研究、技术开发和社会服务，自主设置和调整学科、专业，自主制定学校的规划并组织实施，自主设置教学、科研、行政管理机构，自主确定学校内部收入分配，自主管理和使用人才，自主管理和使用学校财产和经费。同时，要大力支持高校开展国际交流合作，提高国际化水平。

（3）完善学校内部治理结构

完善党委领导下的校长负责制，形成科学有效的决策方式。完善大学校长选拔任用办法；发挥学术委员会在学科建设、学术评价、学术发展中的重要作用。探索教授治校的有效途径；加强教职工代表大会、学生代表大会建设，激发学生参与管理的内在动力，发挥群众团体的作用，积极借助社会力量加强学校的学生管理。

（4）加强大学章程建设

教育主管部门要积极落实对大学章程的审批工作。及时出台相应的大学章程报送审批制度，制定各类学校的办学标准或按学校类别出台不同类型学校的章程样稿。多种形式宣传大学章程的价值和相关理论知识，提高相关主体对大学章程的认识和建设大学章程的自觉性。大学内要提高对大学章程的认识，成为学校章程建设的表率。学生管理的相关主体通过多种形式加强对大学章程的认识。

（5）扩大校企合作

探索建立高等学校理事会或董事会，健全社会支持和监督学校发展的长效机制。一是在学校建设的物质投入方面和项目研发上，加强和企业合作促进知识的价值实现，二是在人才输送和学生就业方面，通过和企业的合作，帮助学生树立正确的目标和价值观念。

（6）推进专业评价

鼓励专门机构和社会中介机构对高等学校学科、专业、课程等水平和质量进行评估，通过定量、定性的指标和不确定性指标的综合衡量，包括学生和家长的满意程度，学生的就业、发展情况，形成中国特色学校评价模式。

（三）发挥学生在管理制度建设中的主体作用

发挥高校学生在管理制度建设中的主体作用既是符合高校学生管理特征的现实需要，也是推进高校学生管理制度确实服务学生发展的必由之路。传统的高校学生管理制度建设无论参与者还是制度本身的理念、内容，更多体现着校方意志和管理需要。随着现代高校管理理念被普遍接受和高校学生群体的自主性不断增强，传统的由管理者主导的制度建设越来越难以适应管理的现实需要。当前，高校学生管理必须根据新时期大学生的年龄特征和心理特征，充分调动和激励学生的内在积极性、主动性和创造性，确立大学生在对于自身管理中的主体地位，发挥大学生在管理制度建设中的主体作用。以生为本的管理理念在制度建设中的体现就是要尊重学生的主体地位，尊重学生的主体地位首要就是承认学生的主体价值，学生作为社会上的人，除了要致力于实现社会的整体价值，还要实现自我的价值，这种自我价值通常表现为对其自身生存和发展需求的满足，以及对学生人权的尊重等。因此，在管理制度建设中，要充分认清并尊重这样的现实状况，不能像过去那样片面放大集体价值的实现，过分抵制高校学生的自我价值实现，要在制度建设上尊重学生的主体地位，首要的就是要反映高校学生价值的实现。

首先，应该推进依法治国在高校学生管理领域的落实，从法律上确定高校学生参与学生管理制度制定的权利，特别是让高校学生在涉及切身利益、敏感问题，如收费、处分等方面有充分的参与权和自由的发言权。其次，可以依托学生这个被管理群体，实现学生自主化管理，有效地减少管理主体和客体之间的冲突。陶行知说过"最好的教育是教育学生自己做好自己的先生"，最主要的是要在制度的内容上，多给予高校学生自主管理的权限范围，确实把学生看作一个可以信赖的、能动的主体，在尊重学生意愿的基础上，实现学生的自我管理和自我发展。最后，还应当依靠学生构建制度建设的矫正机制。实践是检验真理的唯一标准，人本化高校学生管理制度建设中，必须在管理实践中不断发挥学生的主体作用，及时收集反馈制度建设存在的不足，坚持以学生的发展作为出发点。学生主体也应当在矫正机制中起到主要作用。

当前，高校在学生管理过程中最重要的任务就是要增强其管理服务意识，传统的高校学生管理制度的影响还长期存在，要真正体现学生的主体意识还要彻底解放思想，要从传统的社会价值向注重学生的全面发展转变。学生实现自我管理的意识，学生地位由传统的管理客体向管理主体转变。特别是在制度建设中充分唤醒学生的主体意识，激发他们的积极性和创造性。

（四）推进学生管理的差异化与个性化

高校学生群体多样化已经成为高校最主要的特征之一，集中体现在每个学生的成长环境差异、发展需求上的差异等方面，要求在高校学生管理制度建设中正确把握其共性和个性，特别是对特殊学生群体的政策在制度建设上应当进一步完善。主要针对特困生群体、关系不良的学生群体、成绩落后的群体、不被重视的学生群体、待就业的学生群体、情感受挫的学生群体、意志薄弱的学生群体、适应能力差的学生群体、少数民族群体等应当有相应、具有针对性管理的制度和措施，这些群体中存在不同程度对待高校学习生活消极被动，容易焦虑和自卑，不愿和同学相处甚至极易受到高校环境中负面因素的影响并产生悲观、绝望、无助、空虚等心理，在制度构建和管理实践中必须突出这些管理的重点和难点。全面开展大学生特殊群体普查工作，了解和掌握他们的真实情况。在加大日常管理力度的同时，还要特别注重：一是要更新高校学生思想政治教育的内容和体系。传统的高校学生思想政治教育还存在着少数人对教育的认识不到位，教育的针对性不足，资金投入不够，政治理论课的时效性不强、感染力不够等问题，部分高校认为评定学生培养质量的唯一标准就是学生的学习成绩，严重制约了学生的全面发展。人本化高校学生管理要求高校必须把思想政治建设摆在各项工作的首位，贯穿在高校育人的全过程，成立专业的高校学生思想政治工作队伍，探索完善适应新形势和高校学生新特点的学生思想政治教育领导机制和工作机制。帮助高校学生特别是特殊学生群体树立正确的人生观、价值观、世界观，树立崇高的理想和道德追求，特别是要提高高校学生辨别是非的能力、忍受挫折和逆境的能力，学会正确地对待和处理学习和生活中出现的实际问题，学会融入环境实现发展。二是要健全高校学生心理疏导工作机制。高校学生中的特殊群体往往是心理问题多发的群体。当面对理想和现实的差距时，或多或少会出现失望、焦虑等负面情绪。如果自我调节无法消除这些负面情绪就容易发展成为心理问题。因此，高校学生的心理疏导工作必须立足帮助学生解决实际、现实的困难，消除心理的困惑，使其心理和人格向健康的方向发展。高校一方面应当建立完善心理咨询机构，并且让这种咨询机构流动起来，服务在高校学生特别是特殊群体之间，主动靠上去做工作。另一方面，应当对教师、学生管理者甚至是学生干部开展广泛的心理疏导相关培训，把心理疏导能力作为衡量高校学生工作者的重要指标。最主要的是要形成常态化的学生交心、谈心制度，及时了解学生的真实情况和实际想法。尊重每个学生的个性思想，立足尊重和促进学生的全面发展，做好心理服务工作。三是创造良好的人际氛围。高校有自己独特的文化和环境，人际氛围是由学生群体创造的，也影响着每一个高校学生。和谐、友爱、平等的人际氛围，不仅能陶冶学生的情操、开阔学生的胸怀，而且能消除或缓和人际交往上的矛盾。随着西方文化思想不断涌入，特别是个人主义理念不断冲击学生的思想和多年来构筑的精神世界，不良的社会风气在慢慢腐蚀部分学生的心灵，消磨高校学生的意志。一些特殊群体，特别在融入高校学生群体中出现问题的学生，如果受到不良风气的影响，将会使其思想态度形成恶性循环。高校必须从思想上宣扬主旋律，把提高学生的道德水平作为基础，营造互帮互助、民主平等、宽以待人的人际交往氛围，消除学生群体之间的隔阂，消除特殊学生群体的孤立感。

（五）完善大学生的维权机制

由于高校学生的利益纠纷往往局限在校内，因此高校学生的维权机制也应当立足于校内。在高校学生维权机制的构建中，虽然各个要素的地位和作用不同，但是整个机制运行过程中，每个要素之间都存在着非常紧密的联系，每个要素都体现着整个维权机制的综合作用和功能，都是为了最大限度地保护高校学生的合法权益。

首先，高校要明确大学生维权机制的主体。进一步明确高校学生的权益由谁来维护，最要紧的就是要明确高校学生在高校中的地位及学生和高校之间的关系。高校应当主动承担维护学生合法权益的义务，不能像管理企业、教师、军人那样去管理高校学生，也不能把学生作为社会中的一般群体对待，更不能忽视、小视高校学生的任何一项权益。作为学生管理者，不能把学生的管理当作简单一种制度维护，必须时刻记住自己是学生的服务者，是学生权益维护的第一责任人，高校的各个部门对学生的权益都有保护的义务，特别是不能因为学校的利益忽视学生的利益，为了部门利益侵犯学生的利益。学生是权利的主体也是维护自身权利的维护者之一，既要明确、正确对待自己的权利和义务，不能容许权益被侵害，也不能因为维护自己的权益侵害学校或者其他学生的合法权益。

其次，需要对相关制度进行维权。高校学生维权制度的建立是完善高校学生维权机制的关键。制度是高校学生维护合法权益的硬件，维权机制是高校学生维护合法权利的软件，只有软硬件相结合才能确实保护好高校学生的合法权益。只有建立维权相关制度，高校学生的维权工作才有依据，才能有根本的保障，才能长期坚持下去。从现实上看，目前大学生的维权仅停留在学生代表会，校长信箱之类的反馈上，而不是在涉及学生权益时介入型，特别是在维权制度建设上基本处于空白，大学生维权制度建立的迫切性远远超过其他群体的维权制度。我国高校应当参考国外高校做法，在坚持完善原有内容的基础上，建立学生参与高校管理制度，让学生作为一个独立的群体参与高校各项规章的制定，特别是在涉及学生相关利益的问题上，保证学生的全过程参与。建立监督制度，赋予学生权利来监督高校方方面面的建设，必要时应当建立社会舆论媒体监督高校的渠道。特别是在高校处分学生的时候，让学生充分介入。此外，还应当建立相关的保护性、援助制度。保证学生在接受处理的过程中有依据为自己辩护，有地方为自己寻求帮助。

最后，要建立维权的传感体系。信息之间的有效传递是维护高校学生利益重要保障。不但能在侵犯学生利益的行为发生时采取有效的措施制止，而且能够在必要的时候给予帮助和挽救。此外，高效的传感体系能够将种种矛盾逐步反馈，避免量的积累达到质的变化。在维权机制尚未健全的过程中，高效的传感机制的作用是不可替代的。既要在学校的党政组织内建立传感体系，又要在学生组织中建立，并且要实现两个系统之间的有机结合。一方面，高校要努力形成以学生为主、为学生服务的意识，让学生有地方说出自己的想法。另一面，要加强高校学生维权的意识和责任，不但能大胆说出自己的想法，而且要保证信息的真实性和客观性。有效信息的传递是维权工作变被动为主动的重要途径，也只有一个高效的传感体系，维权工作才能落实到每个学生的身上。

六、高等教育的教师人力资源管理体制

（一）高校教师人力资源管理体制的界定

1. 人力资源的界定

人力资源，顾名思义就是将人作为组织发展中的重要资源，而非仅作为管理对象。人力资源的产生是对人的一种重新意义上的定位。但迄今为止，对于人力资源的确切含义不同学者仍有不同解释。综合学者们对人力资源概念的争论内容，焦点集中在两处：一是人力资源的重心是指人本身还是指人的能力，二是如何限定人力资源的外延，也就是如何在"人"前

加上科学严谨的定语。人力资源的核心是"人""能力"还是"人的能力"，重点要看对"人"的把握上，若在一定时间内可以确定且人数相对稳定的情况下，人力资源的重点是能力，若是在不确定且人数相对不稳定的情况下，如一个国家或地区，人力资源则侧重对"人"本身的表达，前者倾向于对质量的描述，后者倾向于对数量的描述。我们一般提及的人力资源含义从能力的角度阐释更接近其本质，因为资源是财富的形成来源，而人在财富形成过程中的作用便是人所具备的知识、技能、经验等能力，所以从这个层面来说人只是能力的载体而已。人力资源是指在一定区域范围内，一切可能成为生产性的要素，在现在和未来时间内投放到经济社会活动中的劳动人口的总称。我们可以看出，人力资源既有质和量的属性又有自然和社会属性，具体表现在以下几点。第一，具有能动性。一切活动都是以人的活动为前提，任何其他资源活动都由人的活动引发、控制和带动。第二，具有收益递增性。在生产过程中人力资源与物质资源在收益上是反向的，人力资源递增而物质资源是递减的。第三，具有社会性。因为人力资源的形成以及开发利用的过程都与相应的社会活动相互联系，是既受历史条件制约又会促进社会发展的一种社会产物。第四，人力资源具有层级性。因为其个体所掌握的技术水平不等，层级自然不同，人力资源分为低中高三个层级，各层级中的工作人员在经过不同方式开发之后，其层级是可以发生转变的。人力资源在某种程度上是一种特殊资源，只有通过一定的有效激励机制才能被开发和利用。第五，人力资源具有创造性。通过智力与体力相结合，不断促进社会向前发展。

2. 高校教师人力资源概念

高校教师在高校人力资源中处于核心地位，发挥着最重要作用，对高校全面发展及工作效能的提高具有决定意义。教师的个人素质及整体水平直接制约高校的教学水平、科研水平及办学效益。高校作为人才高度密集的地方，无论是绝对数量、分布密度还是人才集中系数都比其他组织高出很多，并且高校是培养人才的重要基地，承载着为国家培养栋梁之材的使命。高校教师人力资源指高校中专任教师所具备的知识、技能、经验以及科研创新能力等元素的总称。高校教师除了具有其他组织人力资源特征外，还具有较高学历背景，较强自主创新能力和流动意愿、较大学习动力等特征。因此，在高校中，教师的工作是各项事业的核心。首先，高校教师人力资源区别于其他资源的最大之处便是主观能动性。高校教师是高级知识分子，文化层次高，精神需求高，其劳动价值得到全社会的普遍认可，这在一定程度上激发了高校教师的工作积极性，并不断增强对科学知识的探索，对教学科研的努力，对事业的热爱。其次，劳动成果在实现过程中需要较长周期。在政治经济学中，产品的价值取决于生产该产品的必要劳动时间。高校教师是抽象劳动力，蕴含较强的自主性，在很多方面享受自由，高校教师若像企业机关那样严格地按照指令进行八小时工作，管理难度系数会很高。高校教师工作对象是学生，所使用的劳动工具就是教师自身，劳动产品是所培养出的具有更多知识技能的人才。我们可以看出高校的生产方式是人与人之间的相互作用，高校教师更是一种细致的精神产品生产者，他们将学术思想表达出来，进而影响学生的思考方式、人生态度、价值取向等，是对人所蕴藏潜能的一种无限开发。由此可见，高校教师的劳动价值转化成劳动成果需要较长的周期，而且是间接性积累的一个过程。再次，高校教师具有流动性。人力资源的流动性是现代经济发展的重要标志之一，也是一种经济体制成熟与否、优秀与否的重要衡量指标。在市场经济条件下，人才流动促进人力资源的合理配置，高校教师面对日益增长的人才需求，为了实现自身的价值增值，便期望更好的发展方向和发展机会，因此，能够增加人才流动的内在驱动力。

3. 高校教师人力资源管理体制

体制是指一个组织为了完成共同的目标和任务，人为地建立起一套进行领导、管理、保证、监督活动的组织建制和工作制度体系，是一种人工社会工程系统，简单地说，就是国家机关、企事业单位等组织制度。体制包含的主要内容：第一，有层次的组织机构和组织体系；第二，各类各级组织结构权、利、责的限定；第三，各组织机构在处理与其相关的各机构之间关系的原则、程序与规则等；第四，不同机构的管理方式与原则；第五，各类机构应建立监督的程序和相关的规定。

管理体制，可以看作是一个特定管理系统中所涉及的组织结构的类型和方式，即我们要确定采取的组织形式类型以及将这些组织形式科学合理地结合成一个有机系统，并通过对有效手段方法进行选择来达到最终的管理目的。管理体制内容可具体化为：第一，特定部门或企业对自身的管理权限、范围、相关职责、利益以及相互关系等准则的规定；第二，对组织管理机构的设置是管理体制的核心内容；第三，各管理机构中职权的分配和协调能力，直接影响管理效能的发挥，对于企业和其他部门来说都起着至关重要的作用。

高校教师人力资源管理体制在范围上分为外部体制和内部体制。外部体制主要包含国家户籍制度、劳动人事制度、档案制度及教师资格制度等；内部体制则包括高校可以自主管理的事物，如选用合适的管理模式，设置相关机构及教师编制等。内部管理体制对高效管理效率的提升起着至关重要的作用，当然，在一定程度上外部体制也会制约内部体制。例如，档案制度制约内部的教师合理流动制度，因为篇幅有限，本书只研究高校教师内部人力资源管理体制。当前我国高校教师人力资源管理内部体制还不够完善，仍然存在一些问题。这就需要我们探究人力资源管理体制的现状与成因，最终提出有效策略用以解决这些问题。

（二）高校教师人力资源管理体制的特征

1. 管理方法多元性

高校教师人力资源管理最终目标是在达到高校教师一定需求的基础上挖掘教师的创造潜能，高校教师思想的活跃性和知识的全面性决定了他们在自身需求方面有一定的要求，从而就需要有较为丰富多样的管理方法以及全面有效的管理手段来满足教师的合理需求。在高校教师人力资源管理系统中，除了利用一定的奖惩手段和相关的制度之外，校园文化建设和环境氛围对高校教师的影响也是巨大的。因此，我们要实施多元的管理方法，从而最大程度地发挥高校教师的自主性和创新性。

2. 管理体制目标多样性

高校为国家源源不断的培养人才，创新知识，服务社会，扮演着社会"发动机"的角色。因此，高校在管理目标上是多元的，高校人力资源需求具有丰富性，这在一定程度上决定了高校对教师个人目标的实现也有多样性需求。高效的人力资源管理体制应该是考虑多方面目标的实现，而不能仅仅拘泥于某一个目标的设定，同时满足个人目标和组织目标，深入考虑教师需求状况，为教师能够更好地工作创造良好氛围，引导教师构建合理科学的个人目标，将学校与教师目标整合起来，实现二者的最佳结合。

3. 不同管理理念的统一性

管理者的管理理念在高校教师人力资源管理中发挥着重要作用，虽然管理理念的不同会形成不同的管理模式、管理机制、管理体系等，也会在很大程度上影响高校的办学效益和办学方向，但不同的管理理念之间并不冲突，因为管理目标是确定的，在管理理念上是融会贯通的，只要做到吸取不同管理理念的优点，并将其结合起来，同时去除不相协调的部分，定能实现最终目标。因此，对于高校来说，一方面要加强人力资源刚性管理，另一方面又要顺应后现代性的要求，将柔性化管理也加入进来，实现制度化管理与人性化管理的充分结合。

成熟的高校教师人力资源管理体制，首先应该是规范化的管理，只有管理规范化才有行为规范化，使高校在管理上井井有条，包括规范教师引进机制、聘用考评机制，可以具体到规范课堂上的教学与教案设计，将无序变有序，这也是一切管理的本质与核心。同时，高校教师具有劳动自主性和差异性的特点，在管理中高校领导者要将其充分重视起来，将柔性化管理融入教师管理体制当中。在高校教师人力资源管理中，首先要接受教师的个性化需求，高度尊重教师并恰当地采用与之相适应的个性化管理方式和手段，使教师在工作中得到认同和鼓励，这也是对教师教学、科研工作的重要支持。总之，要在适度规范化的基础上进一步给予教师自主权。高校教师人力资源管理体制，是一种基于高校整体发展战略的人力资源管理模式和管理机制，它的重心是规划和实施符合高校长远发展目标的人才战略，将教师个人绩效与高校整体目标相结合，从而提升全校整体竞争力，实现高校办学效益最大化和社会效益最大化。当今社会，激烈的知识竞争使人力资源变成了价值增值的主要原动力，不同的管理理念具有统一性，因此，我们要将其结合起来，共同发挥作用，为提升高校办学效益贡献力量，这在一定程度上成为各大高校提升整体实力的迫切需要。

七、我国高校教师人力资源管理体制的改革策略

（一）人力资源刚性管理与柔性管理的结合

1. 刚性管理

刚性管理是指对组织中员工采取的一系列硬性管理，其中包括规章制度的设定。例如，从奖惩规则、纪律监督等各个方面对员工采取不同程度的管理，高校管理者通过运用该理念来制定相关规章制度及行为规范，从而提升高校管理效率和管理质量。在管理过程中，不留情面，重视绩效和结果，照章办事，只是追逐管理原则和制度上的不断完善。刚性管理主要有以下特点：第一，刚性管理缺乏一定的人本性。高校在制定各项管理制度和实施各项管理措施上，采取自上而下的管理模式，考虑事情更多地从高校工作角度出发，忽视教师的社会、文化、情感等因素会对其潜在资源的挖掘起到激励作用，很多时候学校的管理方法会背离教师意愿，从而产生一些负面影响。刚性管理习惯通过运用行政手段开展工作，把教师作为管理对象，忽视与教师的横向沟通与协调，使教师自主创新意识受到阻碍。同时，忽视了对教师行为标准的柔性因素影响，导致高校教师人力资源管理的低效。第二，刚性管理是一种硬性管理。在高校广为应用，具有

十分严明的规章制度，管理者在使用国家政策、法规及高校内部规章制度过程中，始终做到使教师的行为有法可依、有章可循，这种严格的管理体制会强烈激发教师的自我调整能力和控制力。第三，刚性管理缺乏灵活性，很多时候只是一味地追求工作上的量化管理。目前各大高校普遍采用相对硬性的指标对高校教师实行量化管理。我们不能否定这种量化标准的可操作性，因为在实践过程中，确实可以在一定程度上提高工作效率，但一方面受外部环境变化性大、计算教师工作量存在模糊性等诸多不确定性因素的影响，高校管理者在决策过程中很难达到预先设定的标准；另一方面，这些量化标准有时会抑制教师的工作自主性和创造性，不利于高校学术交流，并且硬性规定和管理会背离教师工作规律，使教师心理产生挫折感。上述刚性管理特点使我们意识到，管理中若单一实行刚性管理是不可取的，一定要灵活应用，才能更好地提升管理体制效率。

2. 柔性管理

人力资源柔性管理是组织为适应环境变化而采取的灵活运用人力资源柔性管理策略，调整教师的结构数量、工作时间、工资福利等因素以满足不同时期、不同水平、不同模式的人力资源需求，以较低的人事成本实现战略目标。柔性管理的特点如下：首先，以教师为本。以教师为本是高校人力资源柔性管理最为突出的管理理念之一。在实施柔性管理过程中，高校管理中涉及的规章制度都会考虑柔性政策，充分尊重教师自主性，善于最大限度地激发教师自主创新能力，使教师产生强烈的满足感。同时，以教师意愿和利益为管理的出发点，充分理解和关心教师。其次，重视情感的投入。高校教师不是普通群体，而是具有较高知识层次群体，对情感的重视也是高校教师的明显特点，柔性管理就是要更多更深入地发掘教师的情感，尊重爱护教师，能够做到全面多方位为教师着想，最终获得教师的认同感与亲切感，做到管理者与教师和谐相处，形成较大的情感凝聚力，为高校办学效益的提高共同努力。再次，灵活性与适应性。柔性管理必须要在高校教师人力资源管理刚性原则下，恰当结合柔性管理方法，用来弥补刚性管理的不灵活性。柔性管理中，对高校要采取灵活对策，不只限于形式，对教师的科研教学工作留有一定空间，如赋予教师充分的自主选择权、自身需求得到满足等。柔性管理的宗旨是，在不禁锢教师创造力的同时创造各种条件让教师潜能尽可能地被挖掘。最后，重视激励作用，按照教师的不同特点实施相应的激励措施，达到激发高校教师创造精神，最大限度调动高校教师工作积极性，充分发掘教师潜能的最终目标。

3. 高校教师人力资源刚性管理与柔性管理结合方式

在高校师资队伍建设中，高校教师人力资源刚性管理和柔性管理是相辅相成，缺一不可的。高校管理者要遵循刚性管理和柔性管理相结合的原则，正确认识和运用刚性管理和柔性管理的辩证关系，让刚中有柔、柔中带刚的方式存在于高校管理系统中。刚性管理和柔性管理关系主要是：第一，柔性管理是刚性管理的完善和补充。刚性管理一般是通过行政或经济手段来管理教师人员。例如，规章制度约束，处罚制裁等方式，这些手段曾产生过较好效果，但逐渐也暴露出许多负面效应，因为对高校教师的管理太过拘泥于形式，把人当作机器，管理僵硬不灵活，一成不变的管理模式已经无法适应飞速发展的社会形势。柔性管理则能够做到最大限度地激发教师潜在能力，使整个管理机制运行起来充满人情味和人性化，做到真正的人本管理思想。第二，对于柔性管理来说，刚性管理是其基础和保障，无规矩不成方圆，在理论界和实践界，由于柔性管理人性化的特点，被大多数人广泛认同，但提倡柔性管理并不是要我们取代或否定刚性管理，高校若缺少健全的体制机制和严明的规章制度，就会缺乏一定的原则性和稳定性，使高校管理变成一盘散沙。第三，柔性管理与刚性管理在本质上是统一的，二者相辅相成。柔性管理和刚性管理相互依赖、相互渗透。为实现办学目标，我们将柔性管理与刚性管理恰当地结合在一起，最终都是要提高高校教师人力资源管理水平，提高教师教学质量，促进教育的发展。管理中若没有刚性，教育活动就会失去依据、准绳和章法；若没有柔性，聘用考评体系、退出机制、激励机制等都会缺乏灵活的运行过程，管理工作便会缺乏生机和活力。因此，高校教师人力资源管理只有正确认识到刚性管理与柔性管理的辩证关系，并将二者有机结合起来，刚性不教条，柔性不松散，做到刚柔相济，以规章制度做保障，再加上相应的人性化管理做补充，才能将高校教师人力资源管理体制效率提升到一个全新的高度。

（二）优化资源配置的组织结构

1. 教师结构多样化与师生比例合理化

教师结构多样化与师生比例合理化，可以在很大程度上提升高校教师人力资源管理体制效率，所以生师比例合理化会在高校教师人力资源管理体制中起重要作用。高校在配备师资时，要依据全校的学生数量、科研任务量以及工资总额等多方面因素。美国、日本、法国等发达国家，助教工作在很多时候由研究生承担，大大减少了教师编制。另外，这几个国家的高校通过大量聘请兼职教师来丰富教师结构，使教师结构朝多样化发展，拓宽学术领域和知识体系，这在一定程度上提高了师生比例。我国高校的师生比长期以来都很低，这是我国整体劳动生产率低下的一个缩影。近几年来，随着我国整个社会劳动生产率不断提升，高校教师的投入效益也在提高，但与大多数发达国家同类型、同层次的高等院校相比，我国高校师生比例明显偏低，还有继续提高的空间。我国应借鉴发达国家的经验方法，结合自身高校实际情况，制定出与之相匹配的可行性政策和措施，主要通过高校师资队伍结构多元化调整，逐步提高师生比例，从而提高人力资源管理体制效率。

2. 优化教师内部结构

（1）结构名称：结构优化方法。

（2）年龄结构：按 5 年一段，一般可分成 7 个年龄段，每个年龄段控制在 14% 左右为宜。

（3）学历结构：更多地培养高学历的青年教师，作为高层次人才的后备人选。学校鼓励、支持团结协作好、业务能力强、有培养前途的青年教师以各种形式继续提升学历，立足于国内实际情况，以多种形式进行实践活动。

（4）职务结构：对于工作中发生的新情况，要根据专业技术职务来评聘，其中专业技术职务的评聘指标应为结构比例控制，而非限额控制，同时要实行按需设岗。

（5）学缘结构：合理设置人力资源的"学缘"结构，通过广开门路，多方式补充等渠道来拓宽高校教师的教学视野，不断优化"学缘"结构，包括教师引进的多校性以及经历的多样性，如对有过出国留学经验的人员引进工作。

（6）专业、知识结构：要加强新兴学科、交叉学科及边缘学科等人才的补充。使队伍的学科结构与学校学科建设相适应。加强人才知识结构的调整和更新。

以上六个方面的结构调整，必须落实在高校人力资源宏观结构的优化之中，着眼于发挥整体高校人力资源的最大效能，合理的人力资源结构会使高校教师的能力得到放大、强化和延伸，从而促进高等教育发展。

（三）基于知识管理的人力资源管理模式的构建

知识管理为高校教师人力资源管理提供了新方法。知识管理能够运用信息技术建立知识管理系统，不仅能为高校教师提供最新知识，也使查找起来更为方便。要想让教师拥有当代所需要的知识，各高校就应当为教师提供一个便于知识交流与传播的环境，这种环境只有在知识管理系统中才可以见到，是知识管理系统所特有的。随着科学技术的不断发展，知识也划分得更为具体了，各领域的知识之间也在一定程度上相互渗透，相互融合，从而知识更新也变得十分频繁。知识管理系统的建立不仅有利于提高学校内部知识创新、交流和转换，而且可以让高校教师大大缩短学习和使用知识所需时间。总之，在这个知识经济时代，行之有效的知识管理能够在很大程度上促进高校教师的职业发展，此外，我们还可以在高校里搭建基于知识管理系统的学习平台，使高校教师直接在网上学习所需知识，在这个网络普及的时代，可以使所有教师不必再拘于时间和地点的限制，随时随地接受教育，不断提升教师的知识水平。

1. 建立促进价值创造的薪酬支付体系

薪酬制度是人力资源管理六大模块之一，高校教师在薪酬体系中可以挖掘出自身的需求和价值所在，一个健全的薪酬制度不仅有利于人力资源管理体制效率的提升，而且有利于满足高校教师对薪酬体系公平性与畅通性的要求，在一定程度上激发教师工作积极性。当然，薪酬制度必须和高校的战略目标相结合，使教师意识到自己的工作与学校的总体竞争水平直接相关，会直接影响高校的发展方向。对于薪酬体系的设置应该兼顾公平性、市场竞争性及对教师的激励作用，将教师的知识创新和共享能力与薪酬支付体系联系起来，知识创新能力越强薪酬水平应该越高。高校知识薪酬支付体系有利于高校教师进行知识的使用与创新，健全的薪酬支付体系是高校吸引、使用人才的关键，可以吸引更多优秀教师入伍。但实际上，大多数高校更加注重现金薪酬的支付，忽视了高校教师的其他需求，如职业培训与发展、情感认同等。因此，对于高校教师的薪酬支付体系，不仅要采取货币性的薪酬支付形式，还要根据高校教师特点提供适合他们的非货币性的奖励。对于高校的管理者来说，高校教师所做出的所有决策，管理者一方面要评价这些决策本身的正确性，正确的决策要予以支持和鼓励；另一方面，还要评价决策产生的背后知识，充分发掘教师的知识创新能力，不断激发教师教学及科研的积极性。因此，高校要在保证对知识管理活动成果的科学评价的前提下建立以知识为基础的薪酬支付体系。

2. 建立促进知识共享的制度体系

知识共享对于高校教师而言尤为重要，高校要建立一个能够促进知识共享的制度体系，要分别从制度、技术、文化三方面入手，为有效地实施基于知识管理的高校人力资源管理提供帮助。

（1）制度保障措施：首先，人力资源管理和知识管理的开发运用都要与高校的发展战略相匹配，还需要一定的物质支持；其次，要有适合知识创新、知识共享的组织结构，可通过建立学习型组织和扁平化的组织结构来实现。

（2）技术保障措施：技术保障是指有利于知识共享的硬件环境，将高校各部门和教师个人的知识产权和其他无形资产汇总成电子文件放在公用的网上，形成一个知识库，随时可供取阅，该知识库要有一套系统来支持和服务，以及一些基本的安全措施和网络权限控制功能。

（3）文化保障措施：要想留住人才，光靠合同是不够的，教师是知识型的员工，他们不仅关注自己获得的薪酬福利，也很重视更深层次需求的满足以及获得尊重的程度。高校要使教师的个人价值观、愿景与高校的愿景相匹配，使两者产生共鸣。

3. 教师人力资源招聘策略

高校教师招聘是获得人才资源的重要途径，在对教师人力资源进行招聘时，要充分认识到教师知识资本集成情况的重要性。因此，高校要充分考虑其发展趋势和特点。

第一，人才甄选要依据知识资本特点。在招聘高校教师时，应既以自己的学科性质特点为基础，并对其他相关学科知识有一定的了解或掌握，形成自己的知识体系，同时又要研究自己的教学个性，形成独特的实践操作体系、教学思想以及完整的教学体系、风格和流派。在高校教师甄选过程中，应该重点考虑应聘者的学缘结构，我国高校教师有一部分都是本校毕业学生，"留校"教师是"近亲繁殖"的做法，知识资本集成的特点要求同一所高校教师的知识应该是百花齐放、百家争鸣的，过多的"近亲繁殖"现象不利于优化学缘结构，不利于博采众家之长。第二，招聘规划要将教师知识资本集成的发展方向作为重点考虑内容。高校在制定教师发展战略过程中，一定会选择适合高校发展、符合高校要求的员工，使员工与工作内容相匹配，首先就是要制定一个合理的招聘规划，按照职位特点和空缺情况来制定人员需求计划。这里所谓的招聘规划就是在实现高效办学过程中，首先要设定战略战术目标，再根据现阶段自身教师人力资源情况和对发展趋势的预测情况，制定相应的人员引进、保持和流动策略等。在具体操作过程中，由于高校组织的特殊性，选拔时必须充分考虑到高校对知识资本高需求和未来知识发展的集成情况，将所需要的知识和对应的人才，采取正确的招聘策略，做好人员、岗位、知识三者的匹配工作，优化教师队伍，使其凝聚力达到最佳状态，实现集成效应，将冗余人员数量降到最低直至消除。其次，按照当前高校教师资源情况，深入分析和调研，将教师数量、质量、组合方式等方面的不足予以评价，从而做出相应的招聘标准，同时必须考虑求职者的需求。将上述问题确定后，再由负责人将申请交给高校人事部门，申报师资招聘计划，人事主管部门再按照高校内部的职位信息，来确定相应的招聘标准和条件，从而对空缺岗位的填补事项作出最后决策。

4. 教师人力资源培训策略

培训作为高校教师人力资源增值的重要方法之一，近年来越来越被各大高校重视起来，因为教师人力资源在高校办学过程中所发挥的作用越来越大，直接影响到高校的教学水平和科研成果，因此，不断优化高校教师人力资源培训策略尤为重要。

（1）培训的实施加速知识资本增值：首先，高校人力资源培训工作的灵魂是如何使培训的内容学以致用，如何使知识资本通过培训得到增值；其次，要注重选择高校人力资源培训的途径。

（2）培训需求分析要考虑知识资本的增值：在进行人力资源培训工作之前，高校要调查统计本单位的人才数量、质量、结构、发挥作用状况等基本情况，对本单位的发展状况、发展规则、发展前景和人才需求及人才培养能力及其发挥程度作较详尽的调查统计，并加以综合分析，根据未来社会经济发展要求，制定符合实际的高等教育发展规则。

（3）培训的评估要考虑知识资本增值的效果：在培训实施完成之后，要对培训的效果进行评估，以检测和考评高校人力资源培训工作的方方面面。培训评估的指标包括教学计划制定、教学内容分析、教学策略分析、学生进步分析、学员之间交流分析以及培训计划本身规定的接受人力资源必须掌握的理论知识、方法和技能。

（四）建立科学的激励机制

依据本文重点论述的有关激励理论，将我国高校教师人力资源管理体制中的激励机制的构建方法归纳如下：

1. 建主目标激励机制

所谓目标激励，就是依据特定的管理目标，对高校教师人力资源进行行为指导，将教师的个人需求与高校管理目标有机结合在一起，从而有效提高教师工作积极性和自主创新性，另外，目标激励机制的实施基础是有效的岗位目标，只有将这两种方法结合起来才可以达到目标激励机制价值最大化。

（1）要把学校的发展目标与个体的发展目标有机结合：第一，目标激励是把期望值和目标效果高度重视起来，目标可以引导和激励高校教师的行为，因此高校经常采取目标设置的方法来激发教师的工作动机，并引导其行为；第二，高校在设置目标时一定要结合自身的实际情况以及一定的办学条件，在制定相关的发展规划时要考虑到近期和中期的具体目标，否则会让人觉得目标过于空泛、漫无边际而缺乏追求的动力；第三，在高校人力资源管理中目标的设置至关重要，学校领导在制定目标时要考虑有关各方面因素，尽可能"适度"。

（2）实施目标激励机制的前提是岗位目标的实现：第一，岗位设置要有利于形成合理、优化的队伍。要以学科建设、人力资源队伍建设为基础，以教学、科研、管理任务及师资队伍现状为依据，根据学校的发展目标，设立岗位。第二，科学设置不同岗位的目标，完善岗位聘任制。科学合理地设置不同岗位的目标会使目标具有较强的激励作用。第三，签订聘任合同，加强目标考核管理。聘约不是简单地与学校签个合同，而是要首先明确双方的岗位职责。第四，实行动态管理。高校的各个岗位尤其是关键岗位是有限的，岗位是相对固定的，但在这个岗位上任职的人员却是流动的，人员上岗所取得的岗位职务与相应待遇也仅在聘期内适用。

2. 建设文化激励机制

高校教师人力资源，具有更加丰富的精神需求，且大多数人都很热爱自己的职业，不会轻易更换自己的工作。一方面，高校领导者应该抓住高校教师这一心理，加强人文关怀，努力建设和谐校园，使高校教师具有良好的文化素养和道德水平。高校人力资源需要一个既严肃紧张又活泼的校园文化，高校的文化氛围也是一所高校的文化底蕴，管理层和学术团队要团结在一起，共同努力提升校园文化氛围，校园是最圣洁的地方，包括管理人员和一线教师在内的所有人员都是创造知识和文化的工程师，在当今社会继续保持这种团结，校园就会吸引和凝聚更多高层次优秀人才。而紧张就是要在一定的压力下，因为压力是我们日常工作的动力源泉，这样极有利于工作效率的提升。另一方面，在行使民主权利上，高校要进行支持和鼓励。这样不仅会使高校人力资源的潜能得到充分发挥，更会提高他们对自己工作的满意程度，使他们不断增强工作积极性，沟通易于产生共识，通过交流和沟通，自己的意见被采纳，便会激发高校教师的工作热情。

3. 完善培训激励机制

在高校教师人力资源管理中培训激励的价值是非常重要的，因为它能够满足高校教师的发展需要，为高校教师发展提供精神支持和原动力，激发他们通过追求先进科学知识、不断更新知识结构来提升自身的价值。建立完善的高校教师培训体系，实现高校教师人力资源知识的保值增值，不断更新教师知识结构，只有在深入分析高校教师人力资源自我成长及发展需要的基础上，培训激励机制才能发挥作用。具体完善方法有以下几点：①满足高校教师人力资源不同层次的培训需要；②基于高校人力资源的职业发展目标，建立全方位的培训体系；③加强培训工作的制度化，使人力资源培训有法可依，有章可循；④建立科学的培训评价体系，提高可操作性。

首先，依据教师的不同层次，满足各层次培训需要。高校教师一般主要分为教学型和研究型。教学型教师，要注重岗位的培训。一是注重教师本身综合运用能力的培养，对于专业教师分别安排针对性的专业课程进行师资培训，也利用培训机会为各岗位、各层次的教师提供一个交流沟通的平台，融洽各岗位教师之间的人际关系。二是注重高校教师学历水平的提高，各高校可以根据自己的便利条件给高校教师提供学习进修的机会，如做访问学者或出国深造。研究型教师，首先要注重接触科研人才和学术带头人的培养，增加对高校师资培养经费的投入，引进杰出人才和把校内有科研发展潜力的人才外送培训，满足高校对教师较高层面的需求。高校教师人力资源的培养从年龄上分为青年教师培养、中年教师培养等，可以根据教师年龄和接受领悟新知识的能力区别培养。其次，构建以高校教师人力资源职业发展为目标的全面培训体系。应该在培训内容、培训时间以及培训方式等方面，给高校更多的自主权，按照不同岗位、不同层次的培训对象自主选择培训内容和培训方式，自行制定培训时间等，不断加快培训工作信息化建设的进程。再次，加强培训工作制度化，使人力资源培训有法可依，有章可循。拥有严格的培训制度，才能不断提升高校教师的技能水平，使教师行为依据充分。最后，建立科学的培训评价体系。在人力资源管理工作中，科学准确的评价体系至关重要，因为高校教师培训工作需要有效的考核系统进行监督。同时，高校教师参加培训的积极性一定要不断被激发，这样才能加强培训过程中的主动性，进而提升工作效率和提高培训质量。目前由于存在一定影响因素，操作起来有一些困难，致使培训工作难以达到科学性和准确性。但长远来看，建立一套科学的培训评价体系对高校教师培训工作尤为重要。当前，我国主要采取银行贷款和国家拨款的方式来补充高校经费，培训经费有些紧张，在这种情况下，就要通过建立和完善培训激励约束机制，提高培训效益降低培训成本，最终使高校教师管理培训体系获得良好效果。

4. 健全绩效考核激励机制

绩效考核机制一直是现阶段高校晋升提拔的重要参照，对人力资源进行有效激励的重要手段之一便是高效的绩效考核工作。如果不能形成合理科学的绩效考核制度，就会造成高校人力资源切身利益和工作积极性受到损害。高校在进行考核激励过程中，是通过以下三方面的努力，建立起"责权利"相结合的绩效考核激励机制，使我国高校教师人力资源管理体制效率不断提升。

第一，设立科学有效的、操作性强的量化考核标准。加强量化和细化高校教师人力资源的评估标准，在岗位、职称或层次等方面不相同的人员，实施分别考核的办法，并可实行依据不同岗位不同职责进行不同分析的方法，对考核标准给以界定和说明，最终实现考评双方的工作目标与职责的一致性，真正落实和发挥绩效考核作用。

第二，考核过程的公正透明性。一些高校采取将教师的教学、科研成果、获奖情况等分别录入计算机，再经过审核将教学和研究成果等提交到个人网上的业绩系统里。同时，在网上实行业绩与分配制度挂钩的方法，进而在一定程度上简化考核手段，提升透明度。考核过程的透明度与考核激励机制的公正度是成正比的。

第三、采取考核结果与教师本人利益挂钩的方法。绩效考核的反馈和沟通要时刻予以重视，将考核结果与教师本人利益直接挂钩，同时把这个考评结果视为高校教师人力资源聘任、晋升的可靠依据，从而将高校教师劳动成果的差异性充分体现出来。

绩效考核激励机制，对于完善高校人力资源管理体制至关重要，没有制度化和量化的考核标准，会在一定程度上影响教师工作积极性，从考核标准的设立，再到考核过程的公开，直至考核结果与教师个人利益关系的明确，整个流程都充分体现了一个高效透明的绩效考核机制处处蕴含着激励因素，"责权利"相结合能够更好弥补我国当前绩效考核机制中存在的不足，从而加快提升高校教师人力资源管理体制效率。

第三节　科研经费管理体制

一、高校科研经费管理中的问题

新时期，高校从政府、企业等各个方面获得的科研经费逐渐增加，与此同时高校科研经费管理中的问题也逐步显现出来。归纳起来，主要有以下几个方面：

（一）高校重视科研经费立项的规模和数量，预算管理不足

高校科研项目的分类，以级别为依据，一般划分为三大类。第一类是国家级科研项目，又可以进一步划分为自然科学基金和社会科学基金。第二类是省部级科研项目，这类科研项目包括国家部委科研项目比如教育部的人文社科基金项目等，以及各省提供的一些省级科研项目。第三类是校级科研项目，指的是学校提供的一些科研项目，主要有自主创新项目等。近年来有数据统计，我国科研经费增速保持平均每年20%以上。现行科研经费管理制度下，高校科研经费管理工作中普遍存在着重视立项、轻视管理的问题。

1. 重视科研立项，科学研究不足

在我国现行体制下，科研项目的立项数量及金额关系到高校的收入和排位，也关系到职称评定及工资收入。每年3月份，各学院初审申请人的科研项目申请书和所有通过初审的项目申请书由学院统一交到学校，学校审查通过后，按照相应的渠道上报给国家自然科学基金委或者人文社会科学基金委。最后，基金委员会组织专家组进行评审，对每一项科研项目申请给出能否立项的建议。这种科研项目申报机制由行政主导，科研经费的获取并不容易，不少研究项目持续申请多年也仍未获批。科研管理部门比较注重统计科研立项的数量、立项规模、到位经费等方面，缺乏成果追踪考核。从而造成"重立项而轻研究的问题"。

2. 科研项目预算编制不够健全，缺乏约束力

科学的项目预算是提升科研经费管理有效性的前提性因素。新时期高校在预算管理上普遍存在着预算编制依据不足、方法不统一、指标论证不充分等问题，有的科研项目的预算是在项目申报时估算出来的，不够科学和精准。

3. 科研进度和科研资金拨付不对等

国家级科研项目、省部级科研项目和校级科研项目的主管部门大多实行部门预算批复前科研项目资金预拨制度，能够做到合理控制项目进度，严格执行预算评估评审时间，做好项目立项和预算下达的及时衔接，按时批复科研项目的计划和预算安排。但是，现实中也存在着相当一批科研项目，在实施过程中不能做到结合项目进度和资金使用进度及时拨付科研项目运营的配套经费，不能全时段保障科研人员活动中所需资金，影响了科研活动的顺利实施。特别是一些重大科研项目，也不能够按照关键节点或任务完成进度来保证所需经费按时拨付，从而延误科研项目的顺利实施。

（二）高校经费管理制度滞后，纵向和横向管理制度不平衡

从性质与来源上看，高校科研经费可以分为纵向和横向两大类。纵向科研资金属于国家预算资金，由财政拨款，可以无偿使用。横向科研经费属于企事业单位提供资金，具有社会投资的性质，一般由高校与企事业单位签订服务性合同，通常是有偿的，需要高校以劳务或科研成果来偿付。新时期，相比较科研发展的步伐越来越快而言，高校科研经费管理制度的建设有些滞后。各单位比较重视对纵向科研经费的管理，长期以来形成了一套比较完善的科研资金管理制度，科技、财务、审计部门相应地形成了比较完备的监督管理体系。但对于横向科研经费，由于国家并没有明确的法律规范和硬性要求，管理还不是很完善。大多数项目委托单位对横向科研经费的使用和管理没有明确的要求和规范，致使高校并未将横向科研经费管理纳入考核经济责任的范围体系。即使有一些规定，也只是从财务的角度进行简单核算，项目负责人的职责和权限缺乏明确性，各有关部门之间不能相互配合，无法实现科学、联合式的管理。

1. 科研经费管理办法在实际运行中具体执行难度大

不管是对纵向的国家科研资金，还是对横向的社会科研基金，这些科研经费都不是科研人员私人拥有的个人财产，而是高校的收入，都应该纳入高校财务实行统一管理，接受国家法规和学校财务制度的规范和约束，集中由财务部门核算，保证专款专用，不得随意支付和挪作其他费用。但是，现实情况是，虽然目前国家科研经费管理办法较多，但在具体执行过程中很难落实。科研人员、学校领导、财务部门以及科研管理部门，不能始终秉持"合理合法、专款专用"的原则，财务部门对财会制度的解释和宣传意识、科研人员自觉合法使用科研经费的意识等有待进一步

加强，要做到在严格遵守国家有关法律法规和财务规章制度的前提下将科研经费用到实处，从而不断提高科研经费管理的水平。

2. 科研经费管理政策法规的修订和调整不及时

当今时代，市场经济发展变幻莫测，国家和各部门拨付的经费大幅增加，但新时期高校科研经费的管理制度、开支费用标准很少变动，甚至已严重实脱离实际消费，很难适应新时期经济快速发展的科研局面以及当代经济的实际行情。从目前情况看，随着价格提升，这些标准与出差教师补偿费用开支已经不能相互满足。尤其是需要野外作业有的科研项目，进行实习、考察费用比较高，作业条件非常艰苦，较少的差旅补贴标准不能解决实际消费，打击了科研工作积极性，更加谈不上科研水平的提高和科研成果的实现。

科学研究是不断探索未知的过程，存在着很多不确定性，它是一个动态的过程。随着科学研究的不断深入，价格水平的日益提高以及技术要求的不断进步，科研经费预算及预算执行也应及时做出调整，并且调整科研经费预算及执行的标准应与时俱进，程序力求方便快捷。近年来，国家行政机关不断深化改革，大力推进简政放权，取得了一定的成效，但是有的部门或地方简政放权的举措还不够彻底，简政放权举措仅限于科技部门管理的项目，其他纵向科研项目的预算调整审批权并没有下放。

3. 科研经费分配体制不合理，限制过多

在现行管理体制下，科研经费资源在少数管理人员手中，科研经费分配和项目审批之间缺乏相应的制约机制。从国家科技宏观管理层面来看，科研经费管理统筹协调机制还存在一些问题，造成科技资源配置多头管理，各科科研主管部门之间，诸如科学技术部、工业与信息化部、教育部、国家自然科学基金委、发展和改革委员会等，他们管理的各类科研项目名目繁多，各自审批各自领域的科研项目。政府难以充分发挥管理作用，不利于调动高校部门的管理潜能，影响高校科研经费管理的工作效率，影响科技创新的积极性。

（三）高校科研资产和成果管理不统一，经费使用效益不高

当前，绝大多数高校对科研资产和科研成果未能进行统一管理。一方面，学校对科研用固定资产的购买与使用难以做到资源共享，从而导致重复购置，产生极大的浪费。比如，科研中使用的办公用品、图书资料和仪器设备等，都由项目组自行购置、入档、使用、保管、报废，这样必然就会造成分属不同部门管理的项目组明明可以共同使用相同设备，还要各自

重复采购同样的科研资产。另一方面，有的科研人员对科研中形成的知识产权，如科研形成的专利权、著作版权、软件开发等的价值认识不足，重视不够，学校财务管理体系并未将其作为无形资产计量、记录、监控、管理，而只是停留在知识产权简单登记和普通档案管理的层面，造成科研经费的无形流失。

1. 科研经费使用方面

有统计资料显示，目前国内高校科研经费的使用情况，主要用于材料费、出版费、燃料动力费、测试化验加工费、国际合作与交流费、劳务费、专家咨询费、差旅费、设备费等，由课题组成员经手，科研管理部门或课题负责人签字后，到高校财务部门报销。

2. 科研资产管理方面

根据目前国家和地方法律法规对科研资产管理的要求，科研课题如需购入固定资产，课题组成员拿发票到高校设备管理部门进行登记后，持设备登记单在到财务部门报销即可。但是对由科研经费购置的固定资产如何使用，如何计提折旧并没有明确规定和特定的规范，甚至存在化整为零的投机取巧行为，对科研设备并没有实现最终监督的目的，对由高校科研所形成的无形资产的管理更是空白。

3. 科研经费财务成本效益核算情况

新时期我国高等学校执行的是全额拨款事业单位会计准则，对风险和成本效益核算并不重视，只是重视对财务管理的审计和监督。高校财务会计对科研经费的日常核算仅限于发票是否正规，事项审批手续是否齐全，"一支笔"、经手人、验收人是否签字，是否属于科研经费项目的支出收入范围等，而对科研项目成本、科研项目绩效并未进行考核。

（四）高校科研项目过程管理及项目经费财务核算的信息化程度不高

新时期高校在对科研项目审批及经费管理中，科技部门、财务部门、审计部门还未能实现有效地步调统一，信息化办公体现不够，根本不能充分发挥和利用现有信息技术搭建各部门之间信息共享网络平台从而导致教师之间、各部门之间、教师和各部门之间不能进行科研经费信息共享，不能完全通过网络化信息平台实现预算控制的管理职能。项目负责人对掌握项目进展情况不能通过信息管理平台及时进行，也不能利用信息管理平台随时查看项目实际开支和结余，从而不能主动根据项目进展调控开支内容。财务部门与其他各部门之间的信息化联系程度不高，信息共享不及时，因此无法及时提供针对科研经费特点的财务管理专业化服务。

1. 科研经费管理信息平台不通畅

高校科研项目经费管理工作涉及很多部门，科技、财务、审计、设备管理等，这些部门都在各自的领域和时段对科研项目经费进行着管理，但是学校没有将其整合到一个统一的科研经费管理信息平台，各个管理环节不能实现及时的相互沟通与协调。不同部门与科研经费管理有关的信息，不能通过统一的网络平台及时传递，科研经费的使用情况也不能利用校园内系统查询，科研信息数据不能共享。

2. 通过网络宣传相关财经法规制度不普及

高校科研人员往往忙于自己的科学研究，对于财经法规制度的学习缺乏主动性和自觉性。而科研项目经费管理工作涉及的部门往往也只重视自身的业务工作，未能有效地运用校园网络对科研人员及时全面地宣传相关财经法规知识。科研管理部门、审计部门等很少看到有关高等学校会计制度、事业单位财经法律法规、会计法以及本学校、本部新出台的科研经费管理办法等知识的宣传，从而未能做到积极主动地为科研人员学习相关财经法规制度，不断提高财务管理认识提供便利，使得部分科研人员对诸如科研经费预算编制方法、购入资产管理方法、科研经费报账手续等了解不深入、不透彻。

3. 科研经费信息不能实现实时监督

由于在高校科研经费管理过程中，各方面信息整合不到位，很多高校缺乏主动监督手段，科研经费信息来源多头、进度不一，不能网络办公，对科研项目进度、日常开支、经费余额等等不能随时了解，科研经费管理的过程中不能实现对科研经费的使用情况进行实时监督和控制，还有很多工作要做。

（五）科研经费审计监督不够，绩效评价体系不完善

新时期，高校科研项目结题要及时进行，但是有相当一部分高校监督不够，存在科研人员不恰当使用科研经费；或者是结题后，科研人员将专款用作他用，即将结余资金用于其他项目的支出；不及时办理财务结项手续，使项目结余资金长期挂账，严重影响资金使用效率，使高校财务对科研项目经费决算无法及时进行。科研项目的验收、评价，往往只注重成果方面，几乎没有经费使用情况的考评内容。

1. 监督机制不健全

国家相关主管部门对高校的各种排名或评估中，如国家教育部对各高校申报新增硕士点和博士点的评估，对各高校具有研究生培养和学位授予

资格的一级学科评估等，各高校年内获得科研经费的数额在评价指标体系中均占很大的比例，这就从客观上促使各高校尽量做大科研项目的规模，想方设法提高申请科研经费的数额，而对于科研经费的实时监督和有效管理的重视程度相应偏弱。

2. 考核指标不合理

新时期，许多高校在设计年度考核、职称评定、职务聘任的重要指标时，在职教师申请到的科研项目的级别、争取到的科研经费的数额等占有较高比例。这就使得科研人员，尤其是需要职称评定的青年教师，他们的工作重心只能暂时放在如何申报更多、更高层次科研项目，尽可能争取更多科研经费上。潜心科学研究，合理地使用科研经费，力争取得更多、更好的科研成果反倒成了退而求其次的事情了。也可以这么说，高校科研人员之所以对申请科研经费很热衷，并且在使用过程中多有违规之处，并非其初衷，而与国家相关主管部门和高校对本身对高校教师、科研人员的考核指标设置、晋升体制、评价体制有不合理之处有关。

3. 缺乏对科研项目中期结题评估和结题绩效评估

高校对科研经费的管理只是从预决算编制层面和会计核算层面的监督检查，而缺乏对获批科研项目的过程监督检查。加强对科研项目的期中监控和结题评估是一项非常重要的工作。以预决算编制和会计核算为基础，全过程监督科研项目按预期计划开展情况、研究进度情况、阶段性研究成果形成情况、项目经费预算执行与科研进度和取得成果的匹配情况等，必要时对相关科研项目的经费预算支出活动进行论证，这样就可以防止一些超项目预算的不合理、不正常支出的发生。对于有的科研项目，即使出现剩余经费，其支出也能够做到按照预算编制和经费使用办法合法、合理的支出。现实当中，有的高校在科研经费管理工作中，对科研项目的中期结题评估工作往往重视不够，未能充分发挥其对科研经费使用所应起到的指导、警示、修正作用。申请的科研项目结题后，高校及相关部门对科研项目的结题管理也缺乏足够的重视，没有建立科学合理的科研绩效评估系统，对科研项目也就没有实行综合性的绩效评价，只是简单的成果检查，科研经费的使用情况、科研经费项目管理效果，以及科研项目最终成果的科学性、实效性、有用性等方面得不到评价，从而影响对项目的全方面进行综合考核的效果。

二、高校科研经费存在问题的原因

新时期高校要切实提高思想认识，严格按照科研经费使用要求，对科研经费各项工作进行认真梳理，摸清问题底数，剖析高校科研经费管理中普遍存在的问题原因才能各个击破，高效管理。新时期高校科研经费管理中普遍存在的问题原因有以下几方面。

（一）高校科研经费的使用和管理有偏差

1. 科研经费合同预算编制与实际使用有偏麦

高校科研人员对科研经费的使用与管理的认识存在误区。有人认为科研经费是靠个人申请争取的，一经科技部门批准，项目负责人行使签字权，财务部门只是代其管理，只要票据合理，财务部门对科研经费的支出不能限制干涉，最终课题顺利结题就行。即使是"课题组负责制"，也往往是"我的项目我说了算"，漠视国家法规和学校财务制度的规范，随意挪作他用，甚至支付其他与科研项目无关的费用，做不到专款专用、集中核算。

2. 科研经费使用管理不严格

对于科研经费的管理和使用，许多高校做不到严格管理，一般的做法是，科研经费到账后，高校项目管理部门扣除相应管理费用后，剩余部分全部归课题组使用，财务管理部门只负责经费的日常记账工作，使科研经费的使用效率低、浪费严重，甚至出现"潜规则"，科研人员违法或违规使用科研经费，冲抵申请科研经费时所违规产生的高额支出。有的高校部分人员违法使用科研经费现象，数目之巨大让人咋舌。科研人员把科研经费变成私产，任意挪为己用，有的虚开发票、有的签订虚假合同，造假方法林林总总、五花八门，导致大量科研经费被虚报冒领。据北京市海淀区检察院统计，科研院所有关科研经费犯罪案件中显示出的信息是，该类犯罪在涉案人员、涉案单位、涉案罪名等方面均呈现广泛性，并在科研活动的辅助性工作领域也有涉及。由于高校对科研经费使用的管理不到位，造成科研经费违规使用问题在高校大量存在。主要表现包括随意调整经费预算、扩大经费开支范围、执行招标采购制度不严格、重复购买设备、大面积虚报劳务费、会计核算不规范、非科研支出较多、夹带购买私人用品等。科研经费使用管理过程中问题存在的普遍性，既有外部环境的影响，也有科研人员自身的原因，但是管理不到位是其根本原因。

（二）高校对科研经费管理内部控制度不够完善

目前财政部、科技部、教育部等相关部门对高校科研经费的管理，大多属于指导性意见，缺乏高位阶的管理制度规范，造成高校在科研经费管理过程中，财务管理部门、科技部门、审计部门应对各种各样问题中出现无规可依、监督协调不畅、硬性约束力不强的情况。

1. 多部门出台科研经费管理办法，执行标准不尽统一

我们国家对高校科研经费的管理部门主要有科技部、财政部、审计署等，这些主管部对高校科研经费的管理多体现在纵向科研经费的管理上，多年来出台了许多不同的管理办法。据不完全统计，目前尚在执行的管理办法就有 20 多项。

2. 科研经费管理中会计核算不到位

新时期高校财务管理人员对科研经费管理的认识，大多停留在代为管理上，财务会计工作只是代给搞科研的老师们记账，帮助老师们整理发票、算数、付款、调整、转账，其中只能审核科研过程原始票据的合法性、真实性、相关性。老师们报销的票据是否流通、是否合法、是否是正规比较好判断，但是由于会计人员未能深入了解科研项目，其报销票据支出是否与科研活动相关，以及报销票据指出的真实性，只能依靠主观判断。这种主观判断也只能从大的层面上进行，做到准确、全面比较困难。对于有的项目支出，财务人员即使有疑问，也不好断定。比如现实中常见的，科研项目支出报销中占有大量比例的差旅费、招待费、汽油费、劳务费、电话费、租车费等，对于这些票据真实性、与科研的相关性的审核，会计人员尚缺乏有效手段。另一方面，财务前台人员由于日常核算量较大，审核时间上也得不到保证。实际工作当中，高校财务会计对科研经费的日常核算，即使财务人员严格日常报销核算，仅限于发票是否正规，事项审批手续是否齐全，经手人、验收人是否签字，是否属于科研经费项目的支出收入范围等。有的时候科研人员会以各种理由，各种办法报销各种花销，甚至科研经费的调账工作，都进一步增加了会计人员对科研经费支出核算难度，也增加了会计核算进度及时、全面、严格会计核算的难度。

3. 高校科研经费管理部门缺乏有效的相互协调

高校审计、财务、科技部门对科研经费管理制约监督协调不够，各部门各守陈规，自扫门前雪，各自完成部门内的职责，缺乏有效的沟通协调。科学研究是综合性的工作，经费管理也涉及多个部门，高校的科技部

门、资产管理部门、财务部门、相关院系、审计部门等都有涉及，需要各自进一步明确职责、加强沟通、通力协作、相互联动，在科研项目的申请、经费拨付进程、预算编制、经费使用核算、财务管理等方面做到合法依规。

（三）高校对科研资产管理存在漏洞

1. 高校科研经费资产配置不能统筹使用

高校人员因科研入账经费比较充裕，购入许多仪器设备，虽按设备要求做账固定资产形成科研组的专用设备，科研项目结项后设备的后续管理跟不上，高校不能再合理重新配置，统筹使用，因此造成资产使用效率极低，导致资源过度浪费。还有的高校科研人员利用高校实验设备承揽校外科研项目，进而降低科研项目的成本。

2. 使用科研经费购入资产未如实核算

新时期高校仪器设备的购置需纳入学校统一的招投标计划，要签订购置合同，并在仪器设备购入后，要及时开具发票。对于价值在 800 元以上的仪器设备，要由高校国有资产管理部门进行点验，仪器设备的产权归高校所有，由高校国有资产管理部门进行统一管理、统一使用。在对多个高校的部分科研项目进行的跟踪调查发现，有的高校的课题组，仪器设备采购随意，一些本应计入固定资产核算的，却计入了专用材料费中，不做固定资产核算，也不纳入高校管理。还有项目，在完成验收后，对科研过程中购置的固定资产不进行移交，造成在同一高校，课题内容相近的一些科研项目，存在设备重复购置问题，影响高校对这些资产的统一管理，使高校各部门之间科研资源不能实现共享。

3. 对科研资产的使用管得过死

新时期随着高校办学的内外大环境的不断变化，高校科研人员要顺利进行科研项目，一些开支是必需的，一些资产的购置也是必要的。目前，科研人员普遍认为，对科研经费的使用管得过死。一线科研人员在科研经费中列支无关经费，或者报销中使用无关票据，有时也是无奈之举。新时期，为了更加规范高校科研经费的使用和管理，减少钻营的空间，国家层面的管理要求日趋严格，各高校也随着出台了许多管理细则，有的出现了规定过细、统得过死的现象，在科研经费使用过程中反而客观上导致一些违规做法的发生。

（四）高校科研经费的管理缺乏信息联系

新时期，高校科研项目审批结项在科技部门完成，科研经费报销在财务部门进行，购进固定资产在设备部门登记，各部门各司其职，自扫门前雪，科研人员更是完成科研任务就大功告成，致使高校科研经费事前、事中、事后信息失真。

1. 信息化意识较为薄弱

新时期，信息化也是检验科研管理工作质量和水平的重要标准。目前，高校科研经费项目的各个环节，无论是主管部门发布科研课题指南，还是科研人员上报课题申请书，学校及相关部门组织评审评，到符合条件的项目立项、公示，管理科研经费，再到科研成果的鉴定、转化，直至科技无形资产的运营与管理等，都需要信息技术支持。但是目前科研信息的传递方式还停留在比较传统的手段上，主要利用 U 盘、电子邮箱，内部网络建设滞后，资料主要存储在计算机硬盘内。即使能够提供网上共享文件，由于各软件之间程序有的不匹配，加上防止不明病毒侵害等原因，给实现部门之间的信息共享带来了一定的困难。

2. 科研经费项目管理信息交流渠道不畅

新时期，由于科研经费项目经费管理信息上行下传的交流渠道不畅，浪费了科研人员的相当一部分时间，也给科研部门、财务部门、审计部门的工作造成了很大的不便。就科技人才信息的管理来说，科技人才信息的管理包括专业技术人员基本情况，这些基本情况在新的科研项目申请立项、结题、验收鉴定中情况一般是不变的，但科研人员需要不断地向科研科室、财务管理部门填报相关信息，真是"填不完的表格"，工作很繁杂。由此可见，新时期大多高校在档案存放及查询方面均仍采用传统模式，没有真正实现信息化方式，造成各环节之间信息传递不畅，各部门的信息共享不方便，极大地影响了科研人员的工作效率。

（五）高校科研人员能动性和热情不够

在调查中可以发现，相对于发达国家科技人员费用所占有的比例来讲，我国科研经费管理，人员经费占比较非常低，对科研人员的激励力度有待进一步提高。最近几年来，社会各方面对此也比较关注，每年的两会上都有人大代表和政协委员反映这个问题，但是由于各方面的原因，这个问题还一直没有取得实质性的突破。

1. 高校科研项目申请难

科研项目资源掌握在科研管理部门，其分配权一般掌握在少数管理人员手中，而项目审批权又掌握在另外一批人手中，这"两权"之间又缺乏相应的机制制约，科研人员要想最终获得科研经费资源，非常不容易。

2. 高校科研经费报账难

高校科研项目负责人并非专业的财务人员，为了申请项目，对项目所需经费未做合理性考察，对成本要素考虑不周，科研经费预算不能全面、准确、真实、科学地反映实际上研究成果所需的费用，导致科研经费受限制，打击了科研人员的积极性。因此，为促进高校科技发展，必须采取约束和激励并行的方法，使科研经费更好地为科研创新服务。一些科研人员每花一分钱，都要拿发票去报销。经费一旦进了高校财务处账户，凭票报销成了唯一出路，否则就很难拿出来一分钱。

3. 可报销的范围越来越窄

高校财务工作者在工作中经常听到高校科研人员在报账时吐槽，称现在的报销制度纯粹是出租车公司的推广者。因为要去异地做实验，一般不能自己开车去，否则耗油费用只能自己负担，不能在科研经费中报销。所以，需要用车只能租赁，并且要有正规的租车发票和租车合同，否则不予报销。这从一个侧面反映出，在当前的制度规定下，对科研经费的报销细目规定过细，要求过死，可报销的名义范围过窄，尤其在劳务费方面。新时期，我国对科研项目研究过程中劳务费在科研经费中的占比一般限制在25%以下。并且，在这部分劳务费用支出中，有工资性收入的项目组成员不能列支，只能用于直接参加项目的、没有固定收入的临时聘用人员，比如研究生、博士后人员等。也就是说，高校教师等成员，由于他们有固定薪酬，就不能在科研项目研究中获取另外的劳务报酬，哪怕是加班费用。但是，比较尴尬的是，在现实当中，一些高校由于自身财务状况的限制，在薪酬制度设计上，一般对科研人员采取的是基本工资加科研提成的方式。所谓科研提成，就是作为科研人员的津贴、奖励。这部分津贴、奖励要靠科研人员自己去挣。最近几年，我们国家在这个问题上也不断作出调整，当中规定了在科研经费使用的间接费用中允许有绩效支出，但是有严格的比例限制，规定"不超过直接费用扣除设备购置费后的5%"。随着时代的发展，这个比例显得比较低。以100万的科研项目为例，项目组成员一般需要五六个人，时间跨度两年左右，即使不扣除设备购置费，其绩效支出总额也只有4.75万，平均每人每年的绩效收入不足四千元，与科研人员的智力投入相比，激励作用有限。

三、提高高校科研经费管理效益的对策

新时期，按规矩办事是大学办事的前提和基础，一定要切实把规矩先立起来，要充分认识到问题的严重性，牢固树立负责人观念，科研经费的使用是否合乎规范、管理是否存在漏洞、是否被钻空子等，都要严肃认真对待，解决暴露出的问题。面对新时期高校科研经费管理中存在着的这几个问题及问题存在的原因，从高校财务管理人员的角度出发，应从以下几个方面着手。

（一）精细编制高校科研经费预算，加强预算执行情况监督

1. 建立综合部门，实行统一管理

高校应由财务、审计、科研、设备、纪检部门共同组成综合管理办公室。综合管理办公室人员要有比较高的专业素质，具备指导科研人员的能力。科研综合办公室管理课题经费，并对其进行严格的预算审核，监督科研项目经费预算编制及执行情况，对科研设备进行登记和管理，对科研经费日常使用进行核算，对科研经费进行监督检查，为广大科研人员实现一站式服务，节约时间，提高办事效率。

2. 增强对科研项目的可操作性

实行综合管理办公室科研项目预算的编制，既能贯彻执行财务管理制度，又适应高校科研管理的情形，具有很强的实际可操作性。在科研经费的使用过程中，对项目比较重大、经费使用数额也比较大的科研小组，可以配备专门的财务人员，协助项目负责人填写申报合同书或任务书的规定执行，确保科研经费开支的有序性和计划性。这样，在科研项目验收阶段，编制财务决算阶段才能全面反映项目预算执行情况，并在科研项目结项时进行绩效考评，对科研项目验收结题后资产的收益分配、结转、处置等进行各项考核。

（二）加强科研经费核算，重视横向经费的核算制度

高校对科研经费管理应进一步建立和完善内部控制和监督制度。科技部门、财务部、审计应形成相互促进又相互制约的监督体系，明确纵向资金、横向课题资金都是高校科研资金的重要来源，而不是项目负责人个人财产。建立健全高校、院系、课题组三级联合有效管理制度。科研经费用途、使用范围和开支标准必须按照项目合同书中的约定执行。以某高校为

例，科研项目已经获批，拨下来的科研项目经费一般由高校财务部门统一管理，科研活动的各项支出由项目负责人签字后，经手人需持发票到财务部门报账二财务核算人员应当根据合同的要求，对科研经费的使用情况把好关，保证科研项目顺利完成，根据高校科研经费日常管理的要求，按着科研项目负责人同合作单位签订的任务合同书或合同书建立高校科研经费管理的内部核算、审计和外部监督检查的方法。财务部门应设立专门的岗位对会计凭证进行科研项目的日常报账发票的核算。新时期，高校财务报账窗口比较多，每个核算人员对核算的掌握有所不同，人员提供的报账信息又有一定的差异性，处理方法不同，在汇总时，问题就显现出实质性的差异。财务部门记账后，由审计部门进行事后财务审查，及时发现财务问题，并及时予以纠正和警示。如高校审计部门对财务部门检查中存在，科研项目经费报销大量招待费、差旅费，而且多次报账，多达十几、几十万元，其目的是套取现金等诸多问题。如果有外部审计部门加强监督，建立强有力的财务管理机制，提示内部核算人员及时调整核算方法，采取对报账人员的制约措施，并进行宣传、解释和贯彻，就能有效防止项目负责人和一般科研人员违法、违纪行为的现象。

1. 加强科研经费预算管理

高校应提高科研经费预算的科学性，这直接影响高校科研经费使用的有效性。为使科研项目申报人能按照国家法律、政策、法规合理地填报科研经费预算，综合管理办公室可以指派专业人员指导编制经费预算书，保证按预算书的申请情况开支，既有实际可操作性，又能保证科研项目的顺利进行，使项目经费日常支出和申请预算保持高度匹配。项目负责人按照预算申请书进行支出，不得套取、挪用、挤占科研经费。高校财务会计核算时要严格根据项目经费预算申请书和科研项目进展情况核算经费的使用，并把科研经费预算的执行情况反馈到高校各院系、科研部门，便于院系、科研部门对科研项目进行绩效考核。

2. 提高科研经费使用效率，调动科研积极性

新时期，高校要进一步促进科研经费制度建设，科技是第一生产力。国家在科研项目审批、立项、经费使用、监管、责任等方面采取措施，重新修订了系列的法律法规，各大高校制定了实施细则，合理规定了科研经费成本、费用支出列支办法，对科研项目的核算办法，科研固定资产折旧、摊销等，科研项目如需使用学校资源入各院系设备的，如何核算成本、支付使用费，这样才能真实反映高校科研项目的成本。财务人员实时掌握科研经费核算信息，让经费报销过程中显露出的问题得到及时制

止，对超出财务制度规范要求的报销行为及时审查警告。在财务记账后，高校审计部门还应经常进行内部核算审计，规范和促进科研单位内部财务会计管理，还应定期聘请第三方中介机构对本单位的财务进行审计监管。

3. 加强科研项目结余经费管理

高校科研项目通过验收，课题结项后，高校科技管理部门、财务部门、设备部门应步调一致，相互协调，根据经费性质和来源及时处理结余经费。由高校财务部门负责、属上级单位拨款的，按上级单位拨款规定执行。没有拨款规定的，高校根据自身财务管理规定及科研项目的经费使用要求，把已结题科研项目的相关财务信息发送给科技部门、设备部门，科技部门对科研项目进行绩效考核，设备部门收回仪器设备，各部门再反馈意见给财务部门，最后由高校财务部门及时清理科研项目结余经费，科研项目负责人应该按照学校管理规定，积极配合财务部门，及时处理科研项目结余经费。对逾期不办结账又无正当理由的科研项目结项经费，财务部门没收结余经费，由高校统一支配。

（三）提高科研经费使用效率，优化科研资产管理

高校由科研、财务、设备、审计、纪检部门共同组成综合管理办公室，综合管理人员监督科研项目预算编制及执行，根据课题经费预算执行情况进行严格的审查。高校科研综合管理办公室还要对资产进行统一管理，对科研项目购入或租用的固定资产做好入账、核算、登记和建档管理等工作，对图书资料、电子设备等低值易耗品，移动性、流失性较强的资产实施盘查清点，在科研项目结题时及时办理移交手续，避免科研设备个人占有现象的发生。对于高校购入的仪器设备，科研项目小组也有优先选择，合理有偿使用，使高校资源共享，避免高校设备重复购置。还应加强对高校科研无形资产的管理，使其及时转化成生产力，如著作版权、专利技术、软件等，积极与社会企业联合，统一进行产学研一体化，促进科研资产的保值和增值。

1. 实行科研经费的全成本核算

高校科研经费财务管理应由财务管理部门、科技部门、设备部门、审计部门联合制定科学有效的科研经费使用管理制度，规范科研项目经费预算编制，使科研经费的使用更加合法、合理、充分发挥效用，使科研项目预算书中申请的科研经费列支数在财务报账时发挥应有的控制、指导、监督作用，以保证科研经费预算管理作用的充分发挥。高校财务部门对科研

经费采取财务成本费用核算，完善科学合理的科研经费核算体系，建立高校科研经费成本、支出的奖罚核算对应机制，科研项目阶段性成本、支出费用分析报告，充分利用高校现有仪器设备，避免资产的流失与浪费，充分落实高校科研经费的成本核算。另外，加强新时期高校科研活动日常开支管理，明确列支范围和列支标准。对不同来源的科研经费，根据性质不同采取不同的经费财务核算方法，按科研经费发票金额明确科研经费审批程序、签字权限及付款方式等，确保科研活动的相关性与其列支的真实性，对于那些报销发票与科研无关的费用坚决予以制止，不给套取高校科研经费的不法者可乘之机。

2. 加强高校固定资产管理

高校对固定资产的管理，尤其是对科研过程中用科研经费购入的固定资产的管理，还是比较薄弱的，比如科研项目中购入的打印机、扫描仪等均由项目组购入，待项目结束后，留作各办公室使用，高校设备部门不做回收处理，虽然在科研项目购入固定资产时已由设备部门登记了固定资产，但科研项目结束后不做固定资产收回，造成了极度的资源浪费。因此，设备部门要重视科研项目过程中用科研经费购入的材料、设备严格验收手续，并定期对其进行清查、整理，这样既可以防止科研人员化整为零的投机行为，又能及时将科研资产并入高校国有资产的管理，统一出让或出租科研项目所需仪器、设备，避免多次购入相同仪器设备，既节约科研项目经费开支，又节省科研人员的采购时间，让科研人员一心投入科研中。高校应强化对固定资产的管理，提高科研经费管理的及时性、准确性，把固定资产的购置支出列为资本性支出，做好科研人员的强大设备后援。

3. 充分发挥无形资产效力

高校既要强化科研过程中经费购置的固定资产的管理，也要强化科研项目过程中无形资产的管理，科研过程中形成的无形资产要及时申请专利，形成高校的无形资产，核算项目成本，这样才能使很多具有重大经济价值的科研成果受到保护，让科技成果转化成产能，服务于社会，服务于大众。

（四）优化高校网络化信息管理平台，提供便捷的财务管理服务

网络化信息管理平台是以计算机网络为基础建立的适宜高校科技、财务、审计、设备管理等部门内部交流沟通的信息化平台。比如，可以设立办公邮箱、办公 QQ 群等，便于各部门就某一事件的各个环节互沟、协

调，进行联合办公。

1. 保证教据、信息传通得及时、准确性

高校科技、财务、审计、设备等管理部门建立内部信息化平台，可以设立办公邮箱、办公 QQ 群等，便于各部门联合办公。通过信息管理化平台，设备处提供各项设备的功能、型号等具体信息，审计部门实时监督并提出反馈意见。计算机网络中心保证高校内部网络的高效畅通，把各部门、科研人员、财务人员需了解的问题、规则、决策、办法都通过信息平台发出。科研人员能足不出户完成科研立项的申请、结项，了解科研经费使用、结余情况，也能使用校内先进的科研仪器、设备；接受审计监督，使科研项目合法、有序地进行。

2. 加强高校科研管理信息化平台建设

高校科研经费项目管理信息化平台包括学校、各学院、各部门的专业知识，不但信息量大，而且专业性强。这要求高校网络中心计算机硬件设施现代化，技术先进，同时满足不同部门，不同人员的信息需求，如科研经费信息，有科研经费项目来源、数额、使用范围、使用时间、经手人员等，否则信息管理系统与科研经费实际脱节，无法达到人们预期的效果。所以，科研项目经费管理信息化平台作为各部门人员交流和共享的资源，必须将科研项目管理的整个信息编录进去，并由各部门各自完成，建立一个完整的信息系统。在这个系统中，科技部门负责科研项目申请、立项、确定科研项目编号、结项、科研奖励等事项；财务部门根据科研部门提供的信息，指定专人输入相关信息后，科研人员可以根据项目号码查询科研经费使用、结余等情况；高校审计部门对科研经费使用情况实时监督，及时予以纠正警告。新时期，应大力推进高校科研管理信息化平台建设，整合各部门现有的人力、物力，统一管理，避免重复购入仪器设备等固定资产，避免科技部门、财务部门、审计部门重复劳动而加大工作量，使各部门统一对口径，通过科研管理信息化平台开放现有科技档案及科研经费项目信息，实现资源数字化，使信息资源流畅通，资源共享，各部门协同办公，提高科研经费管理办公效率。

3. 实时管控科研经费信息

高校行政管理部门、科研部门、教辅部门等均已联入校园网络中心，奠定了信息化科研经费管理办公基础。新时期，财务管理手段需要创新，尤其财务信息的提供要进行实时动态录入、统计、分析、管理，服务于各部门、人员的查询。通过网络管理，以科研项目为核心，使科研负责人、财务管理人员、审计监督人员、设备保管人员实现数据、信息共享，及时更新科研项目数据，提高经费管理质量和效率。

（五）建立科研经费绩效评价体系，加强内部监督

科研项目绩效评价体系的建立对科研人员使用科研经费使用的约束、科研成果的激励同样重要，目的是提高经费使用的综合效益，保证科研项目的顺利实施。要从源头上治理科研经费的使用问题，一方面，从制度建设入手，改革科研经费分配体制，使科研经费的配置和使用紧密联系科研活动的需求，科研人员自主地使用、分配科研经费，让科研经费用有所值。另一方面，从加强科研人员诚信、自律教育入手，增强科研人员自觉遵守学术道德的积极性。这又要从两个方面着手，一是通过制度设计提高科研人员违规使用科研经费的成本。在科研人员中广泛建立诚信档案，促进学术共同体的自治。二是对产生的违法违规行为严格惩处，以儆效尤，从而增强科研人员使用科研经费的自律性。建立绩效评价体系，具体可以参照一些指标，如成本节约率、经费使用率、成果成本率、课题完成率、科研成果效益比等，结合绩效评价结果，抓住正反两个方面的典型，对取得资金数目重大、使用科研经费规范合理、最终的科研成果在国内外获奖的科研人员及时进行奖励，对科研经费使用不规范，甚至擅自挪用、转移．截留科研资金，科研经费使用效益低下的科研人员及时进行处理，并将处理结果进行公示，从而充分调动高校科研人员开展科学研究的能动性，使高校科研经费更好地为高校科研创新服务。

1. 加强科研项目成本核算，实行项目结题绩效评价制度

为了进一步提高科研经费使用效率，高校应当加强科研项目的成本核算机制建设。一方面，与科研活动有关的院系、科研部门、财务部门等要切实加强交流和沟通，编制预算时要坚持科学有效的原则，根据项目特点为经费预算留有弹性，既要限制经费使用的随意性，也要适应不同科研活动的特殊性；另一方面，高校实行经费审批流程再造，如对由学院独立承担的科研项目，其科研经费管理可以实行学院领导负责制，费用支出由学院领导审批，提高审批效率。学习科技发达国家科研经费管理经验，在我国的科研经费管理制度中加大对科研人员的激励力度。国家宏观政策层面，优化科研人员的工资形成机制，加大间接费用在科研经费中的比例，提高绩效工资在间接费用中的列支比例，对劳务费用在总经费中的比例不做硬性限定，并且保证相关政策真正落地。高校要切实解决好科研人员绩效工资的经费来源问题，必要时可以对中央高校绩效拨款、科研经费绩效支出、学校学费收入等进行多渠道筹集，科学测定各类支出，尤其是

人员经费在科研经费中的占比程度，结合绩效评价结果合理支付科研人员的薪酬。

2. 加强科研经费分类梳理，明确制度监管对象

在科研经费管理制度中，对高校科研经费要统一分类口径，对监管对象作出明确界定。尤其是横向科研经费，由于其来源多样化，更应针对经费本身的特点，细化分类，明确监管目录，避免特殊经费游离于制度之外。针对现有经费管理体制的分类分级缺陷，建议逐步完善科研项目目标管理办法，再造科研经费规范化管理流程，明确科研人员费用使用范围，适时地对科研经费的收支情况进行监督检查，并将检查情况建立档案，为最终的项目综合评估提供依据。通过建立既简便易行又具有强制约束力的科研经费管理制度，充分调动科研人员积极性，防止科研经费资产流失，保证科研经费的投入产出效益。

3. 加强监督检查，严格落实责任追究制度

新时期，高校科研经费管理是一个综合性很强的工作，涉及的部门和环节很多，高校的领导和相关部门应给予高度重视，尤其是一些有监管职责的部门和人员要强化监管职责，各负其责，协调联动，不但重视事后的监督和惩处，更要加强对科研活动事前、事中的检查监督，使监督工作做到经常化、规范化和制度化。高校科研、审计等部门要打破以往不告不理、不离不审的工作模式，在做好举报线索的审查和科研人员离职、课题结项后的审查的前提下，对科研项目经费使用进行巡逻式的检查，实行定期或不定期审计，及时发现问题，及时纠正偏差，变监督检查的过程为指导规范的过程，营造合理、合法、准确使用经费的良好氛围，降低纠错成本，避免一味重视事后监督，造成小错集多、多错酿大，出现不可弥补的损失。同时，严格落实责任追究制度，加大依法依规惩处力度，对科研经费使用过程中出现的违法违规现象，一旦发现，不管涉及什么人，一律严肃查处，绝不姑息迁就，促进高校科研经费的规范管理，不断提高使用效率。

参考文献

[1] 潘雷，徐睿．探论我国新时期高等教育管理体制改革的时代背景 [J]．华夏教师，2013（5）：88-89．

[2] 喻诚．谈新时期高等教育管理创新 [J]．企业家天地旬刊，2013（9）．

[3] 李海鹏．新时期发达国家高等教育管理体制改革特点及启示 [J]．国家教育行政学院学报，2012（9）：91-95．

[4] 杨丹．新时期高校教育管理理念的建构与实施 [J]．高教探索，2015（10）：25-28．

[5] 刘京丽．新时期高等学校教学质量管理体系的构建 [J]．吉林省教育学院学报旬刊，2012（A03）：27-28．

[6] 甘文的．新时期高校学生管理工作创新分析 [J]．时代教育，2016（11）：236．

[7] 刘媛．新时期加强和创新高校管理工作的思考 [J]．亚太教育，2015（25）：221．

[8] 郑波．当前我国高等教育管理的挑战和思考 [J]．大学：研究版，2015（11）．

[9] 蔡雯娟．新时期我国高校教育管理体制的创新研究 [J]．教育：文摘版，2016（5）：95．

[10] 曾俏俏．新时期我国高校学生管理制度的问题与对策 [J]．文理导航教育研究与实践，2017（3）．

[11] 刘涛．新时期大学生管理时效性提升的几点建议 [J]．新教育时代：电子杂志，2015（11）：112．

[12] 付阴．探究高等教育管理中以人为本的理念：学者的精神家园，2014（13）：46-47．

[13] 刘青．浅谈新经济时代下的高校教育管理 [J]．中国成人教育，2012（21）：50-52．

[14] 李硕豪，陶威．我国高等教育改革历程回顾与建议 [J]．现代教育管理，2017（3）：1-9．

[15] 高智勇．新时期背景下的高校师资管理模式研究 [J]．新校园：

阅读版，2015（12）：74.

[16] 商兰芳. 风险管理视域下高校教育经费管理探析 [J]. 教育财会研究，2014，25（5）：38-42.

[17] 王莉莉. 大学教育管理的可持续发展策略研究 [J]. 教育现代化，2017（15）：83-85.

[18] 秦晓慧，庞炜，王明贤. 浅析高等教育背景下提高新进学生工作人员综合素质的有效途径 [J]. 改革与开放，2015（10）：123-123.

[19] 隋瑶. 浅析高校学生管理中的非权力领导力. 长春教育学院学报，2013，29（18）：128-129.

[20] 薛二勇. 中国高校科研经营制度改革的政策分析 [J]. 北京社会科学，2014（3）：20-26.

[21] 王赞赞. 浅谈新时期高校学生管理工作的创新 [J]. 神州旬刊，2013（23）：281-281.

[22] 吕宏玉，张菁，齐辉. 提高高校办公室管理工作效能探讨 [J]. 河北农业大学学报（农林教育版）农林教育版，2014（4）：27-29.

[23] 张红. 新时期高校人性化管理策略 [J]. 教育界：高等教育研究，2016（3）：22-22.

[24] 万释薇. 基于人性化视域下高校教育管理探究 [J]. 科学大众：科学教育，2017（4）：149-149.

[25] 李明恩. 基于创新人才培养的高校学生管理研究 [J]. 企业改革与管理，2017（2）：190.

[26] 李娟. 关于高教管理质量保障新理念的几点思考 [J]. 赤子：上中旬，2015（2）：68.

[27] 刘诚程. 现代高校人力资源管理创新分析 [J]. 现代企业教育，2014（24）：36—36.

[28] 佚名. 高等教育管理 [M]. 广州：中山大学出版社，2014.

[29] 乔玉婷，鲍庆龙，曾立. "互联网+" 时代高等教育管理模式创新及启示 [J]. 高等教育研究学报，2015，38（4）：83-87.

[30] 朱维究，刘永林. 高等教育管理体制改革的核心与途径 [J]. 中国机构改革与管理，2014（2）：43-45.